海商法
實例研習

陳月端　著

三民書局

國家圖書館出版品預行編目資料

海商法實例研習／陳月端著.－－初版一刷.－－臺
北市：三民，2005
　　面；　　公分
　　ISBN 957-14-4292-5　（平裝）

　　1.海商法－問題集

587.6022　　　　　　　　　　　　　94007135

網路書店位址　　http：//www.sanmin.com.tw

© **海商法實例研習**

著作人　陳月端
發行人　劉振強
著作財　三民書局股份有限公司
產權人　臺北市復興北路386號
發行所　三民書局股份有限公司
　　　　地址／臺北市復興北路386號
　　　　電話／(02)25006600
　　　　郵撥／0009998-5
印刷所　三民書局股份有限公司
門市部　復北店／臺北市復興北路386號
　　　　重南店／臺北市重慶南路一段61號
初版一刷　2005年6月
編　號　S 585470
基本定價　肆元陸角
行政院新聞局登記證局版臺業字第○二○○號

ISBN　957-14-4292-5　（平裝）

序

　　本書之完成，心中可謂百感交集。猶記當時寫作期間，感冒症狀一直未能痊癒，在授課、外務及家中二幼兒之照料之餘，在國家圖書館盡力寫作，全心以赴，本書終於完稿。

　　本書之特色，主要在於將海商法之立法精神、法條體系及主要架構，透過實例研習之方式，讓學習者得以透析海商法爭議之所在，及如何運用海商法，故本書主要係以我國現行海商法之價值為主要探討之對象。又因本書實例之設計，除筆者上課之實例外，參酌至少十年以上之國家考試試題、研究所入學考試題及實務爭議問題，對於學習者熟悉海商法出題方向及答題技巧，應可提供一定助益。

　　本書之出版，首先要感謝三民書局之邀稿，讓筆者得以將近年來授課海商法之心得及體會，以文字之記錄方式呈現。而鼓勵並賦予筆者授課海商法課程之文化大學法學院姚院長思遠教授，應是本書寫作之啟動者，在此特表謝意。此外，外子式鴻對筆者事業之支持、小兒士哲及小女士蓓稚真甜美之笑容，一直是筆者最大之精神支柱。學棣巫健宇同學對本書之校對及撰寫參考法條，在此亦一併致謝。最後感謝上天，讓筆者在平凡中，仍可盡力扮演好為人師、人妻、人母之角色。該努力及學習之處太多，倘文中有不足及疏漏，敬請不吝指正。

陳月端　謹識

2005 年 5 月

海商法實例研習

目 次

序

　　甲原有柴油漁船一艘,從事近海捕撈作業。近年來因漁獲量大減,捕獲不易,甲遂將船舶停靠岸邊,以之為水上飯店,從事餐飲。因景點極佳,生意興隆。一日,因廚師抽煙不慎致生火災,造成顧客受傷。請問:甲應依民法或海商法負責?

　　提示:本問題主要在探討海商法上船舶之定義。

解析

㈠判斷 A 輪船是否為海商法上之船舶,須先了解 A 輪船是否符合海商法上船舶之定義及要件。

㈡一般通念之船舶,係指具有相當體積,並能在水面或水中航行及載運貨物之浮動之中空凹體。

㈢法律上所稱之船舶,則有廣狹二義。廣義之船舶,指船舶法上之船舶。根據船舶法第一條之規定,船舶係指在水面或水中供航行之船舶。而狹義之船舶,則指海商法上之船舶。根據海商法第一條之規定,船舶係指在海上航行及在與海相通之水面或水中航行之船舶。

㈣船舶法與海商法同為海事法,惟二者性質不同。船舶法為管理船舶之行政法,屬於公法範疇;海商法為以海上商事及其相關事項為規範對象之商事法,屬於私法範疇。

㈤海商法所適用之對象,僅限於海商法上所稱之船舶。海商法上所稱之船舶,較船舶法上所稱之船舶範圍小,故海商法上所稱之船舶必為船舶法上所稱之船舶,而船舶法上之船舶,未必為海商法上之船舶,故船舶法之船舶,乃為廣義之船舶。

㈥海商法上之船舶,須符合海商法第一條所定船舶之積極要件;及同法第三條所定之消極要件之船舶而言。在積極要件中,指須具有航行性;且其航行之地點須在海上或與海相通之水面或水中。船舶是否具有航行性之判斷,係以該具有浮動性之構造物,能否由一場所航行至另一場所而

言。僅有浮動性而無航行性，仍非船舶，如燈船、水上飯店、水上倉庫及水上碼頭，雖有浮動性，但欠缺航行性，均非船舶。至於航行之區域，係指實際航行於海上，或與海相通之水面或水中而言，與登記航行區域為何無關。內陸湖泊航行之船舶，則非屬海商法上之船舶。海商法上船舶之消極要件，係指不具備某些事實才能成為海商法上之船舶。亦即海商法第三條所稱：「下列船舶除因碰撞外，不適用本法之規定：一　船舶法所稱之小船。二　軍事建制之艦艇。三　專用於公務之船舶。四　第一條規定以外之其他船舶。」

結論

㈠甲以柴油漁船充當水上飯店，因已將漁船永久移作他用，致該船舶僅具有浮動性而欠缺航行性，已不符合海商法上船舶須在「與海相通之水面或水中航行」之要件，故已非海商法上之船舶。

㈡甲因其廚師抽煙不慎失火所造成顧客之傷害，自無海商法之適用，而應適用民法關於運送人責任之規定。

練習題

㈠甲熱愛水上空中活動，一日，駕駛其水上飛機，駛向基隆港外海時，不慎與乙之漁船相撞，請問有無海商法上船舶相撞規定之適用？

㈡甲漁民以自製之竹筏，在近海從事小型捕魚作業。一日，不慎與乙之漁船相撞，請問有無海商法上船舶相撞規定之適用？

參考法條

船舶法第 1 條

本法所稱船舶，謂在水面或水中供航行之船舶，其類別如左：一　客船：謂搭載乘客超過十二人之船舶。二　非客船：謂不屬於客船之其他船舶。三　小船：謂總噸位未滿五十噸之非動力船舶，或總噸位未滿二十噸之動力船舶。四　動力船舶：謂裝有機械用以航行之船舶。五　非動力船舶：謂不屬於動力船舶之任何船舶。

海商法第 1 條

本法稱船舶者，謂在海上航行，或在與海相通水面或水中航行之船舶。

海商法第 3 條

下列船舶除因碰撞外，不適用本法之規定：一　船舶法所稱之小船。二　軍事建制之艦艇。三　專用於公務之船舶。四　第一條規定以外之其他船舶。

待解體之舊船，是否仍為船舶？

> 甲航運公司向乙航運公司購買一艘老舊之 A 商船，該船從日本東京港駛回臺灣基隆港，以便解體。請問：A 商船是否仍為海商法上之船舶？甲航運公司何時取得 A 船之所有權？究適用海商法第八條之規定或民法第七百六十一條之規定？

解析

(一)船舶之積極要件，根據海商法第一條之規定，係指在海上航行，或在與海相通之水面或水中航行之船舶。亦即就其航行之功能而言，須適合於在海上或與海相通水面、水中航行之船舶。

(二)待解體之船舶，是否仍屬於海商法上之船舶，而有海商法之適用？學說見解有二：

  1.肯定說

    此說認為待解體之船舶，在航向擬解體之港口途中，在失去船舶之形式及功能前，仍為海商法上之船舶。

  2.否定說

    此說認為待解體之船舶，已不具船舶之性質，故不屬於海商法上之船舶。

(三)根據經濟部之見解：國貿局依規定核准合格廠商進口之廢船，均限供解體之用，藉以獲取鋼料，供加工製造鋼鐵製品內外銷云云，雖無再航行之意圖，惟既有船舶之形式，仍難謂非船舶 (1975 年 7 月 7 日貿 (64) 正發字第 1360 號函)。

(四)在航運界所謂「最後之航次」，即待解體之船舶，雖然未載任何貨物或人員，在航向解體之港口途中，在失去船舶形式及航行功能前，仍屬船舶，應有海商法之適用。

(五)海商法上船舶之讓與方式，依據海商法第八條之規定，須作成書面，且若在中華民國，應申請讓與地或船舶所在地航政主管機關蓋印證明；若

在外國，應申請中華民國駐外使領館、代表處或其他外交部授權機關蓋印證明。再依海商法第九條之規定，船舶所有權之移轉，非經登記，不得對抗第三人。若船舶不符合海商法船舶之要件，因船舶本質上為動產（民法第六十六條第一項及第六十七條），其讓與之方式，應依民法第七百六十一條之規定，依讓與合意及交付之方式為之。

結論

㈠待解體之船舶，是否仍為海商法上之船舶？學說見解不一，惟通說均採肯定說。經濟部之見解及航運界上亦採肯定見解。

㈡管見以為：待解體之船舶，尚未解體之前，在航向解體之港口途中，仍具有船舶之形式及功能，且其航行之地點亦在海上或與海相通之水面或水中，完全符合船舶之要件，故仍為海商法上之船舶。

㈢待解體之船舶，既仍為海商法上之船舶，其讓與之方式，自應根據海商法第八條及第九條之規定為之。

練習題

㈠沉沒船及遇難船，是否仍為海商法上之船舶？

㈡海上博物館、觀光船及碼頭船，是否為海商法上之船舶？

㈢臺灣高雄之甲加工廠為獲取鋼料，以便製造鋼鐵製品內外銷，乃向德國之乙公司購買 A 廢船一艘。A 船從德國駛往高雄港途中，是否為海商法上之船舶？若涉及法律糾紛時，有無海商法之適用？

㈣甲公司所屬之 A 船，某日駛向停泊港途中，遭遇颱風，船長立即停靠修理。請問 A 船是否仍為海商法上之船舶？

㈤甲公司所屬之 A 船，某日駛向停泊港途中，遭遇颱風，A 船完全沉沒解體。在 A 船解體時，不慎撞損正經過之乙公司之 B 船。請問本題有無海商法船舶碰撞之適用？甲可否主張船舶所有人責任限制？

參考法條

海商法第 8 條

船舶所有權或應有部分之讓與,非作成書面並依下列之規定,不生效力:一　在中華民國,應申請讓與地或船舶所在地航政主管機關蓋印證明。二　在外國,應申請中華民國駐外使領館、代表處或其他外交部授權機構蓋印證明。

海商法第 9 條

船舶所有權之移轉,非經登記,不得對抗第三人。

問題三 何謂「與海相通之水面或水中」？

> 甲航運公司之 A 船，於內河航行途中，不慎與乙航運公司之 B 船相撞，造成 B 船上之船員受傷及丙託載之貨物毀損。請問：甲應如何對乙及丙負責？

解析

(一)船舶之積極要件，根據海商法第一條之規定，係指在海上航行，或在與海相通之水面或水中航行之船舶。亦即就航行之地點而言，須為在海上航行或在與海相通之水面或水中航行之船舶。

(二)「海上」，係指海洋而言。「與海相通之水面或水中」，則指海洋以外而與海相通之水面或水中。若航行之地點，既不在海上，亦不在與海相通之水面或水中，則非海商法上之船舶。在內陸或內湖航行之船舶，其航行之地點，雖在水面或水中，但既非「海上」，亦非在「與海相通之水面或水中」，故仍非海商法上之船舶。

(三)何謂「與海相通之水面或水中」？學說見解不同？茲說明如下：

　1.狹義說

　　此說認為「與海相通之水面或水中」，不僅須與海相通，且須為船舶所能直接到達者，若其中有淺灘阻塞或其他阻隔，即非海商法上之水面。實務見解（21.10.19 院字第 807 號解釋）亦採此說。

　2.廣義說

　　此說認為「與海相通之水面或水中」，只要水域可直接或間接與海相通，不論是否有阻塞，皆為海商法上之水面。此為通說。

(四)就船舶侵權行為而言，若航行之地點係在「海上」或「與海相通之水面或水中」，則可適用海商法上船舶所有人免責事由（第六十九條）或責任限制之規定（第二十一條），對運送人較有利。若航行之地點，係在內陸或內湖，則回歸民法侵權行為之規定（民法第一百八十四條），加害人原則上須對被害人所受損害及所失利益負責，如此將加重運送人責任，致

其航運成本提高。

結論

㈠「與海相通之水面或水中」，學說通說係採廣義說，實務則採狹義說。

㈡管見以為就海商法第一條之文義解釋，應採廣義說。亦即水域只須與海相通，不論直接或間接，不論是否有阻塞，皆屬海商法第一條所稱之「與海相通之水面或水中」。但若單純航行於內陸或內湖，未進出海洋之船舶，則非海商法上之船舶，其所發生之侵權行為事件，則不適用海商法之規定。

㈢本題之 A 船，其航行之地點，係在內河，既非在海上，亦非在與海相通之水面或水中，故其所發生之侵權行為事件，仍不適用海商法之規定，而應依民法之相關規定處理。

練習題

㈠太空船及沙漠船，是否為海商法上之船舶？

㈡潛水油輪是否為海商法上之船舶？

參考法條

民國 21 年 10 月 19 日院字第 807 號解釋

僅能航行內河之船舶，其總噸數雖超過海商法第二條第一款所示之限制，因其與第一條規定船舶之性質不同，自不適用，海商法第一百十九條所載中國港口河道等字樣，係屬船舶扣押之規定，與本問題無涉。

海商法第 21 條

I 船舶所有人對下列事項所負之責任，以本次航行之船舶價值、運費及其他附屬費為限：一　在船上、操作船舶或救助工作直接所致人身傷亡或財物毀損滅失之損害賠償。二　船舶操作或救助工作所致權益侵害之損害賠償。但不包括因契約關係所生之損害賠償。三　沉船或落海之打撈移除所生之債務。但不包括依契約之報酬或給付。四　為避免或減輕前二款責任所負之債務。

II 前項所稱船舶所有人，包括船舶所有權人、船舶承租人、經理人及營運人。

III第一項所稱本次航行，指船舶自一港至次一港之航程；所稱運費，不包括依法或依約不能收取之運費及票價；所稱附屬費，指船舶因受損害應得之賠償。但不包括保險金。

IV第一項責任限制數額如低於下列標準者，船舶所有人應補足之：一　對財物損害之賠償，以船舶登記總噸，每一總噸為國際貨幣基金，特別提款權五四計算單位，計算其數額。二　對人身傷亡之賠償，以船舶登記總噸，每一總噸特別提款權一六二計算單位計算其數額。三　前二款同時發生者，以船舶登記總噸，每一總噸特別提款權一六二計算單位計算其數額。但人身傷亡應優先以船舶登記總噸，每一總噸特別提款權一○八計算單位計算之數額內賠償，如此數額不足以全部清償時，其不足額再與財物之毀損滅失，共同在現存之責任限制數額內比例分配之。四　船舶登記總噸不足三百噸者，以三百噸計算。

海商法第 69 條

因下列事由所發生之毀損或減失，運送人或船舶所有人不負賠償責任：一　船長、海員、引水人或運送人之受僱人，於航行或管理船舶之行為而有過失。二　海上或航路上之危險、災難或意外事故。三　非由於運送人本人之故意或過失所生之火災。四　天災。五　戰爭行為。六　暴動。七　公共敵人之行為。八　有權力者之拘捕、限制或依司法程序之扣押。九　檢疫限制。十　罷工或其他勞動事故。十一　救助或意圖救助海上人命或財產。十二　包裝不固。十三　標誌不足或不符。十四　因貨物之固有瑕疵、品質或特性所致之耗損或其他毀損減失。十五　貨物所有人、託運人或其代理人、代表人之行為或不行為。十六　船舶雖經注意仍不能發現之隱有瑕疵。十七　其他非因運送人或船舶所有人本人之故意或過失及非因其代理人、受僱人之過失所致者。

　　甲漁民以從事近海捕撈為業。某日，駕駛漁船於捕撈作業中，不慎在臺東外海與乙之漁船相撞。請問：兩船相撞，究應適用海商法上船舶碰撞之規定？或民法有關侵權行為之規定？

解析

㈠海商法上之船舶，須符合海商法第一條所定船舶之積極要件；及同法第三條所定之消極要件。依據海商法第三條之規定：「下列船舶除因碰撞外，不適用本法之規定：一　船舶法所稱之小船。二　軍事建制之艦艇。三　專用於公務之船舶。四　第一條規定以外之其他船舶」。亦即符合海商法第三條消極要件之船舶，係指該船舶非河船、小船、軍艦或公務船而言。然而海商法上之船舶，是否以商船為限？因我國海商法對此並無明文，學說及實務之見解如下：

1.學　說

　⑴肯定說

　　　主張肯定說者，認為海商法上之船舶應以商業性，藉航海而獲利之船舶為限。其理由如下：

　　　　a.我國海商法修正案說明中，即揭示適用本法之船舶為商船及從事漁撈之船舶。

　　　　b.海商法具有強烈之營業性，藉船舶以獲利之商船，方可適用海商法。

　　　　c.海商法之立法目的，在於促進海上商事之發達，藉此發展國際貿易、繁榮經濟，鼓勵一國航海事業之發達。

　　　　d.海商法具有國際性，解釋海商法，不宜與世界立法潮流相違背。以德日海商法為例，均以商行為為要件。

　⑵否定說

　　　主張否定說者，則認為我國海商法上之船舶應不以商船為限，非商

業性之船舶只要符合海商法第一條及第三條之規定，亦得適用海商法之規定。其理由如下：

  a.我國並未如德國商法第四百八十四條，及日本商法第六百八十四條第一項，明文規定限於商業行為。

  b.我國海商法除第三章及第六章涉及商行為外，其餘各章，與商行為並無重大關係。

  c.若海商法僅適用於商船，則非商船之其他船舶，須另訂他法適用。

 2.實務見解

  實務見解，依最高法院51年臺上字第2242號判例，將海商法上之船舶限於商船。

㈡海商法上之船舶，是否以商船為限？對此本書持肯定見解。蓋海商法修正案說明中，既已揭示適用海商法之船舶為商船及從事漁撈之船舶，依立法之精神及解釋而言，應將船舶限定為藉航海而獲利之船舶。

結論

㈠海商法上所定之船舶，除符合海商法第一條及第三條外，尚須限於藉航海以獲利之商船。

㈡漁船之功用在於魚，藉漁船以捕魚，亦屬藉航海而獲利，故漁船應為商船。

㈢漁船既為商船，屬於海商法上所定之船舶。兩漁船相撞，自然適用海商法上船舶碰撞之規定。

練習題

㈠甲熱愛海上活動。某日，於臺東近海駕其私人遊艇，不慎與海巡署之巡邏艇相撞，請問：有無海商法之適用？

參考法條

最高法院 51 年臺上字第 2242 號判例

系爭漁船之總頓數僅有五·〇九頓，依海商法第三條第一款規定，即不得認係海商法上之船舶，而應視為民法上所稱動產之一。其權利之取得，亦不以作成書面並經主管官署蓋章證明為要件。

問題五 海商法上大船、小船如何認定？

> 甲公司以其登記噸數三十噸之 A 輪船，從事旅客運送，往返於淡水與八里間。某日，A 輪船零件脫落，致船邊旅客落海受傷。請問：旅客應如何向甲公司求償？
>
> 提示：本問題主要在探討海商法上船舶消極要件中，大船及小船之認定標準。

解析

㈠海商法上之船舶，須符合海商法第一條所定船舶之積極要件，及同法第三條所定之消極要件。

㈡符合海商法第三條消極要件之船舶，係指船舶非河船、小船、軍艦或公務船而言。小船之認定，依船舶法第一條第三款之規定，係指總噸位未滿五十噸之非動力船舶，或總噸位未滿二十噸之動力船舶。總噸位係指登記噸數而言。動力船舶，係指以機械為推動力之船舶，如輪船或以石油、柴油等能源之機械推動之船舶。動力船舶以外之船舶，則為非動力船舶，如以帆布為前進工具之船舶。

㈢海商法第三條針對噸數之限定，及動力船舶與非動力船舶，採取不同之認定標準，其立法目的在於鼓勵一般人建造動力船舶而淘汰非動力船舶，及有意排斥遊樂性之私人非動力船舶。

㈣船舶法上之小船，係指登記噸數未滿二十噸之動力船舶，及未滿五十噸之非動力船舶。由於此類船隻眾多，難以管理，復以其性能較差，易生海難。為促進航海之安全，鼓勵航業之投資，乃將小船排除於海商法適用之外。

結論

㈠甲公司以其登記噸數三十噸之 A 輪船，從事旅客運送。A 輪船係以機械為推動力之動力船舶，且其登記噸數已滿二十噸，是為船舶法上之大船，

符合海商法上所定船舶之要件，自有海商法之適用。

㈡旅客可依海商法第八十三條第二項之規定，解除契約。針對落海受傷部份，並得請求損害賠償。

練習題

甲公司擁有登記噸數二十噸之柴油發動船舶，專門從事木材之運送業。某日，因海員捆綁不牢，致木材掉落海中。請問：甲運送人之責任，係適用海商法之規定或民法之規定？

參考法條

海商法第 3 條第 1 款

下列船舶除因碰撞外，不適用本法之規定：一　船舶法所稱之小船。

船舶法第 1 條第 3 款

本法所稱船舶，謂在水面或水中供航行之船舶，其類別如左：三　小船：謂總噸位未滿五十噸之非動力船舶，或總噸位未滿二十噸之動力船舶。

海商法第 83 條

I 運送人或船長應依船票所載，運送旅客至目的港。

II 運送人或船長違反前項規定時，旅客得解除契約，如有損害，並得請求賠償。

非海商法上之船舶發生碰撞時，有無海商法之適用？

　　海軍所屬之 A 巡邏艇在基隆外海執行巡邏業務時，不慎與甲船公司之 B 漁船相撞。請問：A 巡邏艇與 B 漁船相撞，究應適用民法侵權行為之規定或海商法上關於船舶碰撞之規定？

解析

㈠海商法上之船舶，須符合海商法第一條所定船舶之積極要件，及同法第三條所定之消極要件。

㈡符合海商法第三條消極要件之船舶，係指船舶非河船、小船、軍艦或公務船而言。

㈢海軍所屬之 A 巡邏艇係為軍艦，不符合海商法上船舶之消極要件，本無海商法之適用，惟在船舶碰撞情形，立法者基於以下考量，特於海商法第三條設有例外規定，使其可適用海商法上有關船舶碰撞之規定：

　1.避免法律適用之不公平現象發生

　　兩船相撞，常有損害發生。若未明定其解決之準據法，將會發生一方適用民法侵權行為負無限責任，他方依海商法船舶碰撞負有限責任之不公平現象。

　2.為使被害船舶受損貨物之所有人或受傷人員能獲得較周全之保護

　　有別於民法第二百十七條「與有過失」之規定，海商法在第九十七條，將對物之損害，依「過失之比例」負責；對人之損害，採取連帶負責方式，使被害船舶受損貨物之所有人或受傷人員，有機會向與有過失之他方請求損害賠償，對其保護較周詳。

　3.為避免國際間法律抵觸之現象發生

　　船舶碰撞，若適用民法有關侵權行為之規定，因各國制定民法，有其風俗民情之考量，極易有差異抵觸之現象發生。而海商法具有國際性，適用海商法上關於船舶碰撞之規定，較不致有抵觸之現象發生。

㈣海軍針對所屬之 A 巡邏艇發生碰撞，依據海商法第三條主張適用海商法之規定，僅指適用海商法關於船舶碰撞之規定，而非全部之規定。否則不僅區別海商法上之船舶與非海商法上之船舶將無實益；對於被害人及其他債權人亦顯然不公；同時不符合立法者制定第三條之立法理由。

結論

㈠A 巡邏艇與 B 漁船相撞，海軍根據海商法第三條之規定，可主張適用海商法之規定。

㈡海軍僅可主張適用海商法上有關船舶碰撞之規定。其他關於第二十一條之船舶所有人責任限制、第二十四條之海事優先權及第六十九條等之法定免責事由，則一律不得主張，以免對於被害人及其他債權人造成不公平現象。

練習題

㈠海軍所屬之 A 巡邏艇，在臺東外海巡邏時，不慎與水上警察之緝私船相撞，造成緝私船上人員甲受傷。請問甲就其受害部份，應如何向海軍主張？

㈡海商法第三條規定：「下列船舶除因碰撞外，不適用本法之規定」。其適用海商法之規定，是否指適用海商法之全部？

參考法條

海商法第 97 條

I 碰撞之各船舶有共同過失時，各依其過失程度之比例負其責任，不能判定其過失之輕重時，各方平均負其責任。

II 有過失之各船舶，對於因死亡或傷害所生之損害，應負連帶責任。

船舶強制執行時之限制

高雄之甲公司因航運業務所需，向乙銀行借款新臺幣 1000 萬，並以其 A 船設定第一順位抵押予乙。隨後，A 船即起航承運貨物並停泊於基隆港。復因公司資金周轉不靈，再以其 A 船設定第二順位抵押予丙銀行，取得借款 800 萬。甲對乙丙之借款，均未返還。乙已向基隆地方法院訴請甲清償債務，並取得終局確定判決。丙對甲之債務，雖在訴請返還中，但丙亦向基隆地方法院聲請對甲之 A 船加以假扣押。請問：乙丙可否向基隆地方法院聲請對甲之 A 船強制執行？基隆地方法院對 A 船之執行方法為何？

解析

㈠對於船舶強制執行之管轄法院，根據強制執行法第七條第一項之規定，係指「應執行之標的物所在地」，亦即指船舶之停泊港法院管轄。

㈡對於船舶之執行方法，應區分該船舶是否為海商法上之船舶而定。茲說明如下：

　1.非海商法上之船舶，因船舶本質為動產，其強制執行之方法，應依強制執行法第四十五條以下「對動產之執行」方法，加以執行。

　2.海商法上之船舶及建造中之船舶，雖船舶本質為動產，但基於船舶之不動產性，強制執行法第一百十四條第一項特別明定「準用關於不動產之規定」。

㈢對於船舶強制執行之立法趨勢，主要在於對於船舶強制執行之時間點，是否有發航準備完成不得強制執行之限制。從各國立法例或國際公約之規定，對於船舶之扣押及假扣押，由原來兼顧旅客、貨物所有人及金融債權人之利益，逐漸偏於保護金融債權人之利益，僅於最小限度內，顧及旅客或貨物所有人之利益。如 1952 年海船假扣押國際公約第三條第一項規定，債權人對於發生債權之船舶或債權發生時同一所有人之其他船舶，均得予以假扣押。再如我國海商法第四條及強制執行法第一百十四

條之規定。

㈣強制執行程序，分為終局執行及保全執行兩種。對於船舶之強制執行，海商法僅規定保全程序之強制執行。至於終局執行，則依據海商法第五條之規定，應適用強制執行法第一百十四條第二項之規定。

㈤對於船舶之保全執行，根據海商法第四條第一項之規定，僅於保全執行上顧及旅客或貨物所有人之利益。即原則上禁止，從船舶發航準備完成以迄航行至次一停泊港止不得為之，例外在為使航行可能所生之債務，或因船舶碰撞所生之損害，因顧及國家航運之發展及保護船舶碰撞被害人之權益，隨時得為假扣押或假處分。同時，「為使航行可能所生之債務」，通說亦認為僅限於「本次航行」，蓋為避免債權人怠於行使權利，以及例外規定應從嚴解釋使然。至於「發航準備完成」如何認定？根據「辦理強制執行事件應行注意事項」第六十一條第三款之規定，係指法律上及事實上得開行之狀態而言，例如船長已取得當地航政主管機關核准發航與海關准結關放行及必需品之補給已完成，並已配置相當海員、設備及船舶之供應。另外，為保護本國之債權人，「以迄航行至次一停泊港」，係採航段主義，又稱短航主義，即船舶於到達每一航段之停泊港，如 A 港至 B 港為一航段，B 港至 C 港又為另一航段。至於對於船舶之終局執行，依據海商法第五條適用強制執行法第一百十四條第二項之規定，則偏向保護金融債權人之利益，自運送人或船長發航準備完成時以迄航行完成時止，仍得為之。

結論

㈠針對乙丙之聲請事件，因 A 船停泊於基隆港，船舶所在地在基隆，根據強制執行法第七條第一項之規定，基隆地方法院有管轄權。

㈡乙銀行以終局之確定判決，向基隆地方法院聲請強制執行甲之 A 船，基隆地方法院根據海商法第五條適用強制執行法第一百十四條第二項之規定，應裁定予以查封。

㈢丙銀行對甲尚未取得終局之確定判決，又丙銀行對甲之債權，不屬於為

使航行可能所生之債務或因船舶碰撞所生之損害，其向基隆地方法院聲請對甲之 A 船假扣押，根據海商法第四條第一項之規定，若 A 船已經發航準備完成，則基隆地方法院不得對之為假扣押。

練習題

㈠對於船舶強制執行之規定，我國海商法第四條及強制執行法第一百十四條之規定在適用上有何異同？

㈡西德旺恩公司出售予臺灣富裕公司德律風根二十四吋畫面電視機五十臺，每臺售價（包括運費）新臺幣二萬元，約定交單後十天付款。旺恩公司依約將該批電視機自行裝入貨櫃後交付泰正輪船公司所屬之蓋斯輪運送，並由該輪船長簽發載貨證券一式二份予旺恩公司。出賣人旺恩公司乃將載貨證券一份寄來臺灣並請求買受人富裕公司於收到是項載貨證券後十天內依約付款，富裕公司於蓋斯輪預定到達基隆港前兩天仍拒不付款，旺恩公司為防止富裕公司提貨，乃致電蓋斯輪船長，表明其係原託運人，並請求勿將貨物交付予富裕公司，富裕公司於貨到基隆港時，憑其所持有之載貨證券乙份，向船長請求交付貨物，船長不理會旺恩公司之電報，乃將貨物交付予富裕公司，並準備繼續開往東京港。經查載貨證券係無記名式，且於其上載明「貨櫃一隻，內裝德律風根二十四吋畫面電視機五十臺」，試以中華民國海商法，附具理由簡答之：
設如旺恩公司因富裕公司提領貨物後，以泰正公司違約為由，向基隆地方法院聲請假扣押，並取得假扣押之執行名義，此時執行處對蓋斯輪假扣押之執行，應如何處理？

參考法條

強制執行法第 7 條

I 強制執行由應執行之標的物所在地或應為執行行為地之法院管轄。

II 應執行之標的物所在地或應為執行行為地不明者，由債務人之住、居所、公務所、事務所、營業所所在地之法院管轄。

III同一強制執行，數法院有管轄權者，債權人得向其中一法院聲請。

IV受理強制執行事件之法院，須在他法院管轄區內為執行行為時，應囑託該他法院為之。

強制執行法第 45 條

動產之強制執行，以查封、拍賣或變賣之方法行之。

強制執行法第 114 條

I 海商法所定之船舶，其強制執行，除本法另有規定外，準用關於不動產執行之規定；建造中之船舶亦同。

II 對於船舶之強制執行，自運送人或船長發航準備完成時起，以迄航行完成時止，仍得為之。

III前項強制執行，除海商法第四條第一項但書之規定或船舶碰撞之損害賠償外，於保全程序之執行名義，不適用之。

海商法第 4 條

I 船舶保全程序之強制執行，於船舶發航準備完成時起，以迄航行至次一停泊港時止，不得為之。但為使航行可能所生之債務，或因船舶碰撞所生之損害，不在此限。

II 國境內航行船舶之保全程序，得以揭示方法為之。

海商法第 5 條

海商事件，依本法之規定，本法無規定者，適用其他法律之規定。

　　甲船公司為擴展航海事業，擬向乙銀行借款 5000 萬。乙要求甲提供擔保，甲公司主要之財產為 A 船。請問甲以 A 船係設定抵押權或質權予乙?

解析

㈠船舶之本質係動產。蓋依民法第六十七條之規定，動產係不動產以外之物，而不動產依民法第六十六條第一項之規定，包括土地及其定著物。船舶係指能於與海相通之水中或水面航行之浮動物體，既非土地亦非土地上之定著物，自為動產，故海商法第六條規定，船舶除本法有特別規定外，適用民法關於動產之規定。亦即我國海商法亦認為船舶為動產，原則上應適用民法關於動產之規定，但海商法對於船舶另有特別規定者，則依海商法之特別規定，不適用民法關於動產之規定。

㈡有別於民法關於動產之規定，海商法對於船舶之特別規定，主要表現在船舶之不動產性上。船舶為何具有不動產性? 係因船舶本來之用途即為運送工具，其所有人之變更較少，此與動產容易易其所有人不同;又因船舶價值高，不比不動產差，同時利用登記制度，亦易識別船舶之同一性。

㈢船舶之不動產性，主要表現之內容如下:

1. 登記制度

依海商法第九條、第三十六條及船舶登記法第三條、第四條之規定，關於船舶所有權、抵押權、租賃權之設定、移轉、變更、限制或消滅，非經登記，不得對抗第三人。此之登記對抗原則，雖與民法第七百五十八條之不動產物權生效原則有別，但須「登記」則同，與民法第七百六十一條動產物權之「交付」原則不同。

2. 抵押權之設定

船舶原為動產，如欲擔保債權，僅能依民法第八百八十四條之規定設

定質權。惟質權之設定，對於債權人及船舶所有人均不利，因船舶移轉占有，債權人須耗費管理費用，而船舶所有人又無法利用船舶營運，故海商法特於第三十三條至第三十七條，規定船舶抵押權。此與不動產得設定抵押權之制度相同。

3.物權行為之書面要件

根據海商法第八條之規定，船舶所有權或應有部份之讓與，以及海商法第三十三條之規定，均應以書面為之。此與民法第七百六十條不動產物權之移轉或設定，應以書面為之相同，而與民法第七百六十一條動產物權之讓與，當事人僅須讓與合意即可不同。

4.船舶為領土之延長

船舶為浮動領土，根據刑法第三條之規定，在中華民國領域外之中華民國船艦內犯罪時，以在中華民國領域內犯罪論。又依刑事訴訟法第五條第二項之規定，在中華民國領域外之中華民國船艦犯罪時，船艦本籍地或犯罪後停泊地之法院，亦有管轄權。

5.船舶之強制執行

根據強制執行法第一百十四條第一項之規定，海商法上所定之船舶，其強制執行，除本法另有規定外，準用關於不動產執行之規定；建造中之船舶亦同。

㈣船舶抵押權，係以船舶為標的之物權，海商法有關抵押權規定之事項，從第三十三條至第三十七條。其規範不足之處，如何適用法律？因不動產抵押係就土地及其定著物為規定，故無法依海商法第五條適用民法關於不動產抵押之規定，而應顧及船舶抵押與不動產抵押性質相似，類推適用民法關於不動產抵押權之制度。亦即司法院 73.10.3(73) 秘臺廳㈠字第 00742 號函所稱「民法關於不動產抵押權之規定，法理上亦在準用之列」。

結論

㈠為便利船舶所有人之取得融資，以及因質權之設定，對於船舶所有人及
　債權人均不利之情形，根據海商法第三十三條至第三十七條之規定，甲
　可以其 A 船設定抵押權予乙銀行。

㈡甲 A 船設定抵押權予乙，根據海商法第三十三條之規定，應以書面為之；
　且此項抵押權之設定，根據海商法第三十六條之規定，非經登記，不得
　對抗第三人。

練習題

㈠船舶之特性有哪些？

㈡海商法關於船舶讓與之登記原則與民法關於不動產讓與之登記原則，有
　何不同？

參考法條

海商法第 6 條

　船舶除本法有特別規定外，適用民法關於動產之規定。

海商法第 9 條

　船舶所有權之移轉，非經登記，不得對抗第三人。

海商法第 33 條

　船舶抵押權之設定，應以書面為之。

海商法第 34 條

　船舶抵押權，得就建造中之船舶設定之。

海商法第 35 條

　船舶抵押權之設定，除法律別有規定外，僅船舶所有人或受其特別委任之人始得為
　之。

海商法第 36 條

　船舶抵押權之設定，非經登記，不得對抗第三人。

海商法第 37 條

船舶共有人中一人或數人，就其應有部分所設定之抵押權，不因分割或出賣而受影響。

船舶登記法第 3 條

船舶關於左列權利之保存、設定、移轉、變更、限制、處分或消滅，均應登記：一 所有權。二 抵押權。三 租賃權。

船舶登記法第 4 條

船舶應行登記之事項，非經登記，不得對抗第三人。

民法第 884 條

稱動產質權者，謂因擔保債權，占有由債務人或第三人移交之動產，得就其賣得價金，受清償之權。

甲船公司以其 A 船裝載貨物一批，起航前發現船上之通訊設備故障，燃料不足。甲為爭取起航時效，乃分別向乙承租救生艇，向丙借得燃料 10 桶。甲於運送完成後，因突生重病無法執業，乃將 A 船出賣於丁，並移轉 A 船之所有權於丁。試問：除 A 船外，丁是否同時取得救生艇及燃料之所有權？

解析

㈠船舶係合成物，由船體、船橋、甲板、汽缸、推進器、操舵、船艙及船室等二個以上之物結合而成之物。以上各物在未構成合成物之前，其權利存在於各個物上，成為合成物船舶之後，其權利則存在於合成物上。各個合成之物，不可再為權利客體。

㈡為確定船舶處分之效力，我國海商法第七條特別重視船舶所有權之範圍。將船舶所有權範圍之認定標準，排除民法主物及從物要件之認定，而採客觀認定標準。凡於航行上或營業上所必需之一切設備或屬具，不問何人所有，皆視為船舶之一部份。

㈢綜合我國海商法第七條及民法第六十八條之規定，船舶所有權之範圍如下：

1. 船體：船體係船舶之主要成份，指足以創造船舶形體及船舶移動能力之部份。如龍骨、汽缸及推進器等。

2. 航行上或營業上必需之設備或屬具：所謂船舶之設備，係指非船舶之主要部份，而於經濟上常助船舶之效用，並與船舶具有一定之空間關係者，如電信、衛生設備及指南針等。其有無與船舶性質及船舶移動能力並無影響。至於「必需」與否，則應視船舶之性質、功用及其他實際情形而定。航行上所必需之設備，如無線電信設備及六分儀等。營業上所必需之設備，如客艙、貨艙、衛生、救火、冷藏、通訊、貨物、裝卸設備等。所謂船舶之屬具，係指附屬於船舶之各種用具或機

械。航行上所必需之屬具，如救生艇、舢板、鐵錨及羅盤等。營業上所必需之屬具，如桌椅及鍋灶等。按設備及屬具，如依民法第六十八條之認定標準，大抵為從物，然依海商法第七條之規定，此等設備或屬具，只要置於船上，又為航行上或營業上所必需，均擬制為船舶之一部份。

3. 非航行上或營業上所必需之設備或屬具，則視此等設備或屬具是否同屬船舶所有人而定。若同屬船舶所有人，則依海商法第五條適用民法第六十八條第一項之規定，其為船舶之從物。根據民法第六十八條第二項之規定，對於船舶之處分，效力及於設備或屬具。若設備或屬具不屬船舶所有人，則設備或屬具為一獨立之物。

4. 給養品，如柴米油鹽及置於油桶之燃料，依海商法第七條之規定，其不屬於船舶之一部份。其與船舶之關係如何？依海商法第五條適用民法第六十八條之規定，若屬船舶所有人，則為船舶之從物，而有民法第六十八條第二項之適用；若不屬船舶所有人，則為獨立之物。

結論

㈠救生艇，係屬航行上所必需之屬具。甲雖向乙承租，對之不具所有權，然依海商法第七條之規定，其仍屬船舶之一部份，丁仍取得救生艇之所有權。而乙對甲則有債務不履行之損害賠償請求權，及侵權行為之損害賠償請求權。此二權利係屬請求權競合。

㈡至於油桶之燃料，為給養品，依海商法第七條之規定，不屬於船舶之一部份。又因係甲向丙借用，其不屬於甲所有，自不符合民法第六十八條第一項從物之要件，故仍為獨立之物。甲將船舶讓與丁，效力自不及於丙之燃料，丁占有該燃料，係屬無權占有，所有權人丙自得本於民法第七百六十七條，對丁主張所有物返還請求權。

練習題

㈠海商法第七條與民法第六十八條之關係如何？

㈡船舶之設備目錄，記載不屬於營業上或航行上之屬具，是否為船舶之一
　部份？

參考法條

海商法第 5 條

海商事件，依本法之規定，本法無規定者，適用其他法律之規定。

海商法第 7 條

除給養品外，凡於航行上或營業上必需之一切設備及屬具，皆視為船舶之一部。

民法第 68 條

I 非主物之成分，常助主物之效用，而同屬於一人者，為從物。但交易上有特別習慣
　者，依其習慣。

II 主物之處分，及於從物。

　　甲將其所有之 A 船，以新臺幣 1000 萬出賣於乙。又乙取得 A 船後，甲仍繼續占有 A 船，遲遲未向航政機關辦理所有權移轉登記，並將該船出租給丙，交由丙占有使用，雙方並辦理船舶租賃權登記。請問：

一、乙何時取得 A 船之所有權？

二、丙是否取得 A 船之租賃權？

三、乙可否向丙主張 A 船之所有物返還請求權？

解 析

㈠船舶本質上原為動產，針對船舶所有權之讓與，根據海商法第六條之規定，應直接適用海商法第八條之規定，而排除民法第七百六十一條關於動產讓與要件之規定，故讓與人未將船舶交付占有，仍不影響船舶讓與之效力。

㈡船舶所有權讓與之生效要件，依海商法第八條之規定，除雙方就船舶之讓與意思表示一致外，尚須作成書面，並申請官署蓋印證明。亦即在中華民國，應申請讓與地或船舶所在地航政主管機關蓋印證明。在外國，應申請中華民國駐外使領館、代表處或其他外交部授權機構蓋印證明。立法者採此，不外基於書面之慎重考量，同時賦予主管機關審核控制之權，以防止船舶移轉於敵國，損及國家利益。

㈢船舶所有權讓與之對抗要件，依據海商法第九條及船舶登記法第三條及第四條之規定，係採登記對抗要件。亦即其讓與須經登記後，方得對抗第三人，包括善意及惡意之第三人。

㈣租賃行為係負擔行為，出租人甲不以具租賃物之所有權為必要，故甲丙針對船舶之租賃契約仍然有效。

㈤甲將 A 船讓與乙時，並未向航政機關辦理所有權移轉登記，乙取得之 A 船所有權不得對抗第三人，即承租人丙。

㈥甲將 A 船出租於丙，已依船舶登記法第三條辦理租賃權登記，丙之租賃

權可對抗所有權人乙，亦即丙之租賃權仍在 A 船。

結　論

㈠甲乙雙方針對船舶所有權之讓與，只要符合海商法第八條之規定，乙即
　取得 A 船之所有權。

㈡乙取得 A 船之所有權，並未向航政主管機關辦理登記，依海商法第九條
　及船舶登記法第三條及第四條之規定，不得對抗承租人丙。

㈢租賃行為係負擔行為，出租人甲不以具租賃物之所有權為必要，故甲丙
　針對船舶之租賃契約仍然有效。甲將 A 船出租於丙，已依船舶登記法第
　三條辦理租賃權登記，丙之租賃權可對抗所有權人乙，亦即丙之租賃權
　仍在 A 船。

練習題

㈠海商法對船舶所有權之讓與方式，有何特別規定？

㈡A 船所有人甲與乙訂立船舶轉讓契約，並經送請航政主管機關蓋印證
　明，惟未辦理所有權移轉登記。請問：船舶移轉契約之效力如何？

㈢海商法第九條規定：「船舶所有權之移轉，非經登記，不得對抗第三人」，
　此第三人係包括善惡意第三人或僅指善意第三人？

參考法條

海商法第 6 條

　船舶除本法有特別規定外，適用民法關於動產之規定。

海商法第 8 條

　船舶所有權或應有部分之讓與，非作成書面並依左列之規定，不生效力：一　在中
　華民國，應申請讓與地或船舶所在地航政主管機關蓋印證明。二　在外國，應申請
　中華民國駐外使領館、代表處或其他外交部授權機構蓋印證明。

海商法第 9 條

　船舶所有權之移轉，非經登記，不得對抗第三人。

船舶登記法第 3 條

船舶關於左列權利之保存、設定、移轉、變更、限制、處分或消滅,均應登記:一 所有權。二 抵押權。三 租賃權。

船舶登記法第 4 條

船舶應行登記之事項,非經登記,不得對抗第三人。

海商法上船舶所有權之讓與，是否仍須履行民法動產交付之要件？

　　甲航運公司在其 A 船從日本東京港返回臺灣基隆港途中，將 A 船賣予乙航運公司，雙方除作成船舶移轉之書面契約外，並經送請航政主管機關蓋印。惟因 A 船尚在行駛中，無法履行交付之要件。請問：乙航運公司是否取得 A 船之所有權？

解 析

㈠民法對於動產之讓與，依據民法第七百六十一條之規定，須當事人雙方對於動產達成讓與合意，並經交付。交付之方式計有現實交付、簡易交付、占有改定及指示交付四種。

㈡船舶根據民法第六十六條及第六十七條之規定，雖其本質為動產，然因船舶本來之用途，即為運送工具，其所有人之變更較少，此與動產容易易其所有人不同；此外，船舶價值高，不比不動產差；況且，利用登記制度，亦易識別船舶之同一性，故船舶具有不動產性。表現在船舶之讓與上，海商法第八條即有特別明文，須有書面之讓與合意及一定機關之蓋印證明。

㈢海商法上船舶所有權之讓與，是否仍須履行民法動產之交付要件？對此學說見解不同，茲說明如下：

　1.肯定說

　　認為船舶所有權之讓與，與動產同。

　2.否定說

　　認為海商法第八條及第九條之規定，排除民法物權編之規定。亦即不需踐行移轉占有，只須雙方合意並作成書面及蓋印證明，即完成所有權移轉。因蓋印極具公示性，又船舶體積大，不若動產易交付。

㈣根據海商法第六條規定，船舶除本法有特別規定外，適用民法關於動產之規定，故海商法第八條及第九條之規定，顯係民法之特別規定，應排

除民法物權編規定之適用。

結論

㈠船舶所有權之讓與，因海商法第八條及第九條已有明文，依據海商法第六條之規定，排除民法關於動產之規定。

㈡船舶所有權之讓與，根據海商法第八條之規定只須雙方作成書面讓與合意及蓋印證明，即完成所有權移轉，不需踐行移轉占有。

練習題

㈠船舶究為動產或不動產？試舉法條以對。

㈡船舶之不動產性，表現在哪些方面？試舉法條以對。

參考法條

海商法第6條

船舶除本法有特別規定外，適用民法關於動產之規定。

海商法第8條

船舶所有權或應有部分之讓與，非作成書面並依左列之規定，不生效力：一　在中華民國，應申請讓與地或船舶所在地航政主管機關蓋印證明。二　在外國，應申請中華民國駐外使領館、代表處或其他外交部授權機構蓋印證明。

海商法第9條

船舶所有權之移轉，非經登記，不得對抗第三人。

船舶所有權移轉對運送契約之影響

> 　　甲將其所有之 A 船，依海商法第八條之規定讓與乙時，A 船正在海上航行運送丙之貨載。乙以自己為 A 船之所有權人為由，請求丙將貨物卸載；丙則依海商法第四十一條「以船舶之全部或一部供運送之契約，不因船舶所有權之移轉而受影響」之規定，請求乙讓 A 船繼續將貨載運送至目的港。請問：乙丙雙方之主張，孰為有理？

解析

㈠海商法第四十一條規定，以船舶之全部或一部供運送之契約，不因船舶所有權之移轉而受影響。運送契約是否因船舶所有權之移轉而受影響，致託運人須另覓他船運送？學說見解如下：

1. 買賣不破租賃說

   認為海商法第四十一條與民法第四百二十五條買賣不破租賃之意義相同。訂有傭船契約者，於船舶所有權移轉時，其受讓人應承受契約上之權利義務。此說對託運人之利益，保護較為周全。

2. 注意規定說

   認為第四十一條之意旨，僅指傭船契約下，船舶所有人將船舶所有權移轉於第三人時，對於傭船運送契約不生影響。因運送人依運送契約，負有完成運送之義務，至於運送人係以自己或他人船舶完成運送，則非所問。船舶之受讓人，仍為傭船運送契約當事人以外之人，並不因之成為傭船契約之運送人。故海商法第四十一條僅為一注意規定，與民法第四百二十五條買賣不破租賃之規定不同。

㈡海商法第四十一條之規定，通說認為其為注意規定說，管見亦然。蓋基於債之相對性，傭船契約之效力僅在於契約當事人有效，並不及於當事人以外之人。運送人於訂立傭船契約後，仍為船舶之所有權人，依據民法第七百六十五條之規定，自得自由處分該船舶。運送人讓與船舶後，仍可透過租賃方式，利用他人船舶，繼續依約完成運送。然基於海上運

送之國際性，且其規模龐大，運送人若一時無法租賃他人船舶，將無法解決傭船人之龐大貨物。故實應保護託運人，例外規定債之效力可及於第三人，使其可對船舶受讓人主張繼續完成運送，以促進一國航運之發展。亦即未來海商法第四十一條之修法，似可仿照民法第四百二十五條之規定，使傭船契約之傭船人，可對船舶之受讓人主張傭船契約對其繼續存在。

結 論

㈠海商法第四十一條之規定，在未修法前，其仍為注意規定，運送契約之當事人仍為甲丙。甲丙傭船契約之效力，並不及於船舶之受讓人乙。

㈡丙僅能對運送人甲主張繼續完成運送，對於傭船契約當事人以外之乙，則不可為任何主張。

練習題

㈠傭船契約對於第三人之效力，是否適用民法第四百二十五條「買賣不破租賃」原則？

㈡船舶所有權移轉於受讓人時，對於託運人及傭船人之效力如何？

參考法條

海商法第 41 條

以船舶之全部或一部供運送之契約，不因船舶所有權之移轉而受影響。

問題十三　建造中船舶之所有權歸屬於何人?

> 甲航運公司向乙造船公司訂購潛水油輪壹艘,全部材料均由甲公司提供。請問:建造中之潛水油輪,其所有權究歸屬於何公司,誰有權以之為抵押品,向銀行抵押借款?

解 析

㈠建造中船舶之所有權歸屬,國內學說不一,茲整理如下:

1. 有認為建造中船舶所有權之歸屬,首應依當事人所締結之契約定之。若當事人契約未約定時,則區分造船之全部材料或主要材料係由承攬人(即建造人或造船廠)或定造人提供而有不同:

　⑴造船之全部材料或主要材料由承攬人提供時

　　定造人與承攬人之法律關係為「工作物供給契約」,當事人之意思,在於工作物之完成與工作物所有權之移轉,性質上屬於承攬與買賣之混合契約。故對於船舶之建造完成,適用民法承攬之規定;船舶所有權之移轉,則適用民法買賣之規定。故建造中之船舶,其所有權屬於承攬人,建造完成之船舶,由承攬人原始取得。

　⑵造船之全部材料或主要材料由定造人提供時

　　當事人可依民法動產加工之規定處理或依民法承攬之規定處理。在兩種選擇方式中,當事人可選擇最有利於己之方式為之。

2. 有認為除當事人另有約定外,應歸造船廠所有,故應俟建造完成後,再將所有權移轉於定造人。其理由有二:

　⑴若材料由造船廠提供,所有權當然歸屬廠方。

　⑵若材料由定造人提供,依民法第八百十四條之規定,加工增加之價值顯逾材料之價值,故屬加工人(造船廠)所有。

3. 有認為應區分材料由何人提供。

　⑴船舶所有人以自己材料,在自己之造船廠建設,由船舶所有人原始取得。

⑵定造人提供全部材料，由造船廠建造，則為承攬契約，定造人原始取得。

⑶定造人提供大部份材料，由造船廠建造，造船廠負擔小部份材料，仍為承攬契約，依據民法第八百十二條第二項之規定：「動產與他人之動產附合，有可視為主物者，該主物所有人，取得合成物之所有權。」定造人仍原始取得所有權。

⑷造船廠以自己材料或大部份之材料，為定造人建造船舶，則為「工作物供給契約」，屬於承攬與買賣之混合契約。亦即關於船舶之建造完成，適用承攬之規定；關於船舶所有權之移轉，適用買賣之規定。故建造船舶之所有權，由造船廠原始取得，定造人須依海商法第八條之規定，才能取得所有權。

㈡實務見解：依據最高法院 54 年臺上字第 321 號判例見解：「因承攬契約而完成之動產，如該動產係由定作人供給材料，而承攬人僅負有工作之義務時，則除有特約外，承攬人為履行承攬之工作，無論其為既成品之加工或為新品之製作，其所有權均歸屬於供給材料之定作人。」

㈢管見以為建造中船舶之所有權歸屬，首應依當事人所締結之契約定之。若當事人無約定時，因定造人與造船廠之法律關係為承攬契約，因承攬契約而完成之動產，無論該動產係由定造人或承攬人提供材料，因承攬人僅負有工作之義務，縱其材料為承攬人提供，根據民法第四百九十條第二項之規定，其材料之價額，亦已推定為報酬之一部，故承攬人為履行承攬之工作，無論為既成品之加工或新品之製作，其所有權均歸屬於供給材料之定造人。此外，定造人與造船廠已有承攬契約，足以排除民法第八百十二條添附或第八百十四條加工之適用。

㈣本題中，定造人甲公司提供全部材料，依國內通說，其所有權應歸屬於定造人，少數說則援引民法第八百十四條之規定，以加工所增之價值顯逾材料之價值為由，認為應由加工人（即造船廠）取得所有權。國內判例則認為所有權歸屬於供給材料之定造人。管見以為依定造人與造船廠之法律關係，應依承攬之規定，由定造人取得所有權。

結　論

㈠建造中船舶之所有權歸屬，國內學說不一。實務雖認為其所有權歸屬於供給材料之定造人，但係就定造人供給材料而做解釋，對於造船廠提供材料之情形，則未表態。

㈡管見以為在民法第四百九十條增列第二項後，應可解決學說見解不一之現象。亦即在定造人與造船廠之法律關係為承攬契約之情形下，定作人提供材料，承攬人為履行承攬之工作，無論為既成品之加工或新品之製作，其所有權均歸屬於定造人。縱使材料係由承攬人提供，其材料之價額，依據民法第四百九十條第二項之規定，亦推定為報酬之一部份，對於承攬人而言，自無不利可言。

㈢建造中之船舶，既由定造人甲公司取得所有權，依據海商法第三十四條之規定，甲公司亦得以建造中之船舶，設定抵押權。其設定，根據海商法第三十三條之規定，應以書面為之；至於船舶抵押權之設定登記，依據海商法第三十六條之規定，僅是得否對抗第三人之要件而已。

練習題

㈠甲航運公司委由乙造船廠興建 A 船壹艘，請問：甲乙間之法律關係如何？

㈡民法第八百十二條、第八百十四條及承攬契約，彼此之關係如何？

㈢船舶係動產，為何可以之設定抵押權？建造中之船舶，得否設定抵押權？

參考法條

民法第 490 條

I 稱承攬者，謂當事人約定，一方為他方完成一定之工作，他方俟工作完成，給付報酬之契約。

II 約定由承攬人供給材料者，其材料之價額，推定為報酬之一部。

民法第 812 條

I 動產與他人之動產附合，非毀損不能分離，或分離需費過鉅者，各動產所有人，按

其動產附合時之價值，共有合成物。

II 前項附合之動產，有可視為主物者，該主物所有人，取得合成物之所有權。

民法第 814 條

加工於他人之動產者，其加工物之所有權，屬於材料所有人。但因加工所增之價值顯逾材料之價值者，其加工物之所有權屬於加工人。

問題十四　船舶之建造與建造中船舶

> 　　甲委由乙公司承建船舶一艘，並依約預先按期支付三成之價款。乙公司則以此款項購置材料，在乙公司造船廠建造該船，惟因景氣不佳，乙公司旋宣告破產。試問：何謂建造中船舶？建造中船舶之所有權人為何？建造中之船舶是否可為抵押權之標的物？若乙公司之破產管理人不為船舶完成建造時，甲依海商法可主張何項權利？

解析

(一)何謂「建造中船舶」，學說有二：

　1.狹義說

　　建造中船舶係指安放龍骨或相當於安放龍骨之時起，至其成為海商法所定之船舶時為止之船舶（參閱辦理強制執行事件應行注意事項第六十一條）。

　2.廣義說

　　建造中船舶係指建造契約締結時起或自船舶之材料開始建造，至建造完成下水航行以前之狀態（參閱船舶登記法第五十條）。

　　廣義說之立論觀點，在於加強資金融通，便利船舶之建造，惟依強制執行法第一百十四條第一項之規定，建造中船舶，其強制執行準用不動產強制執行之規定，故應以狹義說為妥。亦即至少須具有船舶之初步形體，相當於安放龍骨之時，方能稱為建造中船舶。

(二)建造中船舶之所有權人為何？首應依當事人所締結之契約定之。若當事人契約未約定時，在本題造船之全部材料或主要材料係由造船廠所提供，係屬「工作物供給契約」。當事人之意思在於工作之完成與工作物所有權之移轉，性質上屬承攬與買賣之混合契約。亦即關於船舶之建造完成，適用承攬之規定；而關於船舶所有權之移轉，則適用買賣之規定。依此，建造之船舶所有權，由造船廠原始取得。定造人如欲取得船舶所有權，須造船廠依海商法第八條之規定加以轉讓。

㈢建造中船舶因所需之資金龐大，國家為提倡航業，獎勵造船事業，特於海商法第三十四條例外承認屬於一般動產之建造中船舶，得設定抵押權。其設定，依海商法第三十三條之規定，應以書面為之，並應向航政主管機關申請登記。未經登記，依海商法第三十六條之規定，不得對抗第三人。

㈣甲之破產債權是否受到海商法之保護？根據海商法第十條之規定，船舶定造人有二種權利可主張：

1. 給償收取權

   即船舶定造人得將船舶及業經交付或預定之材料，照估價扣除已付定金給償收取。亦即定造人在承攬人破產宣告前所支付之定金，有優先扣除之權。此項定金依破產法第九十八條之規定，本屬破產債權，卻因海商法第十條之規定，變成具有別除權性質之優先債權。

2. 完成建造權

   建造中之船舶如因承攬人破產，而無法繼續完成建造時，如不設法使船舶能繼續建造完成，對於定造人或承攬人而言，其所投注之資金，將無法如數收回。對於一國之造船業及航運業之發展，將有妨礙。據此海商法特於第十條允許定造人得自行出資，在原處完成建造。但使用船廠，應給與報償，以達使用者付費之精神。

結 論

㈠建造中船舶之定義，依強制執行法第一百十四條第一項之規定，建造中船舶，其強制執行準用不動產強制執行之規定之精神觀之，應認為至少須具有船舶之初步形體，即安放龍骨或相當於安放龍骨之時，方能稱為建造中船舶。

㈡本題造船之全部材料或主要材料係由造船廠所提供，係屬「工作物供給契約」。當事人之意思在於工作之完成與工作物所有權之移轉，性質上屬承攬與買賣之混合契約。故建造中船舶所有權，係由造船廠乙原始取得。

㈢建造中船舶，依海商法第三十四條之規定，造船廠乙得以之設定抵押權。

其設定，依海商法第三十三條之規定，應以書面為之，並應向航政主管機關申請登記。未經登記，依海商法第三十六條之規定，不得對抗第三人。

㈣甲之破產債權，根據海商法第十條之規定，甲可主張給償收取權及完成建造權二種權利。

練習題

㈠建造中之船舶所有權誰屬？其得否為抵押權之標的物？又海商法對其強制執行有何規定？

㈡甲託乙建造船舶，已付定金二成，乙隨以定金買入材料，但因周轉不靈，遂告破產。問：何謂「建造中之船舶」？

參考法條

船舶登記法第 50 條

I　登記建造中船舶之抵押權，應記載左列各款於申請書，向建造地航政主管機關申請之：一　船舶之種類。二　計畫之長度、寬度及深度。三　計量之容量。四　建造地。五　造船者之姓名、住、居所；如造船者為法人時，其名稱及事務所。六　登記原因及其年、月、日。七　登記之目的。八　登記之機關。九　申請之年、月、日。十　申請人之姓名、年齡、籍貫、住、居所；如係法人時，其名稱及事務所。十一　由代理人申請時，代理人之姓名、年齡、籍貫、住、居所。

II　前項第一款至第五款應附送造船者所給之證明文件。

強制執行法第 114 條第 1 項

海商法所定之船舶，其強制執行，除本法另有規定外，準用關於不動產執行之規定；建造中之船舶亦同。

海商法第 10 條

船舶建造中，承攬人破產而破產管理人不為完成建造者，船舶定造人，得將船舶及業經交付或預定之材料，照估價扣除已付定金給償收取之，並得自行出資在原處完成建造。但使用船廠應給與報償。

海商法第 33 條

船舶抵押權之設定，應以書面為之。

海商法第 34 條

船舶抵押權，得就建造中之船舶設定之。

海商法第 36 條

船舶抵押權之設定，非經登記，不得對抗第三人。

破產法第 98 條

對於破產人之債權，在破產宣告前成立者，為破產債權，但有別除權者，不在此限。

甲乙丙共有一艘 A 船，經營航海旅遊事業，專門搭載旅客。甲乙為擴展航線，將 A 船予以整修，並欲以 A 船設定抵押權予丁銀行以取得貸款，惟丙不同意，甚至無意繼續經營航海事業，欲將其應有部份出賣於戊。請問：

一、甲乙得否以 A 船設定抵押權予丁銀行？

二、戊何時取得丙應有部份之所有權？

三、丙在未出賣其應有部份前，對於 A 船之整修費用是否應負擔？如何負擔？丙若不想分擔，是否尚有其他救濟管道？

解析

(一)船舶共有係指二人以上互約以其分別共有之船舶，共同經營航海業務之契約。其係物權法上分別共有與債法上合夥關係結合而成之一種海上企業之特殊經營方式。船舶共有之法律關係，如海商法未規定時，依海商法第五條，應適用民法之規定。即應分別適用民法分別共有及合夥之規定。

(二)共有船舶之處分，係指私法上之處分行為而言。亦即促使財產現狀、財產性質發生變化或促使財產權發生變動之行為，如物權行為及債權讓與。有別於民法第八百十九條第二項之規定，海商法在第十一條規定，共有船舶之處分，不須共有人全體同意，只須共有人過半數並其應有部份價值合計過半數之同意即可，以免延誤商機。

(三)應有部份之讓與，若未涉及船舶國籍之喪失時，因僅使舊共有人退出、新共有人加入，不影響其他共有人之利益，故以自由為原則，以鼓勵從事航海事業，而符合海上危險分擔之政策。惟為顧及共有關係之協調，避免共有關係流於複雜，海商法第十二條第一項乃規定船舶共有人出賣其應有部份時，其他共有人得以同一價格優先承買。亦即船舶共有人欲出賣其應有部份時，應先通知其他共有人。俟其他共有人拒絕後，始得

以同一價格出賣於共有人以外之他人。

㈣船舶共有人出賣其應有部份時，船舶應有部份之轉讓為要式行為，應依海商法第八條之規定，作成書面，並經有關機關蓋印證明，始生效力，至於登記，僅為對抗要件（海商法第九條）。

㈤船舶共有人，就其利用船舶所生之債務，根據海商法第十四條第一項之規定，係就其應有部份負比例分擔責任。亦即採「分割責任」。對於「利用船舶所生之債務」，如購買航行所須之燃料、食品或船舶修繕所生之債務。海商法採取「分割責任」，乃因經營航海事業，所須資金巨大，且危險性高，為鼓勵航海事業之投資，乃採「分割責任」，以減輕船舶所有人責任之負擔。

㈥因海商法第十一條，對於共有船舶之管理行為，採取雙重多數決，在少數共有人拒絕同意時，為保護少數共有人之利益，海商法在第十四條第二項，乃有共有人委棄免責權之規定。惟須具備共有人對於發生債務之管理行為，且曾拒絕同意二要件，方可適用。船舶共有人委棄其應有部份後，將發生船舶共有關係之退出、他共有人應有部份之增加（無海商法第八條之適用），以及債務免除等三種效力。

結論

㈠根據海商法第十一條第一項之規定，甲乙就 A 船設定抵押之處分行為，只須經共有人過半數並其應有部份之價值合計過半數即可。若丙之應有部份不足過半數，根本無須丙之同意。

㈡丙欲出賣其應有部份時，若甲乙不願先行承購，根據海商法第十二條第一項之規定，丙可以同一價格，出賣其應有部份予戊。由丙戊依海商法第八條就應有部份之讓與作成書面，並經有關機關之蓋印證明後，戊即可取得丙之應有部份之所有權。

㈢丙在未出賣其應有部份時，對於 A 船之整修費用，根據海商法第十四條第一項之規定，應就其應有部份負比例分擔責任。惟在本題，因丙對於 A 船之修繕行為，曾表示反對，亦可依海商法第十四條第二項之規定，

委棄其應有部份予其他共有人，以免除其債務。

練習題

㈠海商法對於船舶共有人處分船舶與民法上分別共有人處分共有物，二者規定之要件有何不同？

㈡船舶共有人委棄其應有部份時，其他共有人增加應有部份，是否須履踐書面之要式行為；及向有關機關辦理蓋印證明？請說明理由。

參考法條

海商法第 11 條

共有船舶之處分及其他與共有人共同利益有關之事項，應以共有人過半數並其應有部分之價值合計過半數之同意為之。

海商法第 12 條

I 船舶共有人有出賣其應有部分時，其他共有人，得以同一價格儘先承買。

II 因船舶共有權一部分之出賣，致該船舶喪失中華民國國籍時，應得共有人全體之同意。

海商法第 14 條

I 船舶共有人，對於利用船舶所生之債務，就其應有部分，負比例分擔之責。

II 共有人對於發生債務之管理行為，曾經拒絕同意者，關於此項債務，得委棄其應有部分於他共有人而免其責任。

問題十六　共有船舶之經理人

> 　　甲乙丙共有一艘 A 船，從事海上貨物之運送工作。甲乙丙針對海上運送工作，可否事必躬親，不委任經理人？又甲乙丙若欲委任經理人，應符合何種要件？又經選任出之經理人丁可否以 A 船向銀行抵押借款？甲乙丙可否限制丁不得向外借款？丁可否自行決定開闢新航線？又 A 船在航行中，因為丁之過失，造成船上之貨物全毀，請問甲乙丙可否主張係丁之過失而不負賠償責任？

解析

㈠根據海商法第十七條之規定，船舶共有人應選任共有船舶經理人，經營其業務。因船舶共有係一種海上企業之特殊經營方式，自須設有代表人以代表該企業，此即船舶經理人。又船舶共有人人數眾多，意見分歧，專權不一，為避免影響航業之營運，乃有此規定。惟本條雖為強制規定，共有船舶經理人應為共有船舶之常設機關，然船舶共有人未選任共有船舶經理人時，本法並無任何處罰之規定。解釋上，船舶共有人未選任共有船舶經理人時，仍無害其共有船舶在私法上之地位。

㈡根據海商法第十七條之規定，共有船舶經理人之選任，應以共有人過半數，並其應有部份之價值合計過半數之同意。其選任方法可謂寬嚴適中。因共有船舶經理人權限廣泛，關係全體共有人利益甚巨，選任方法不宜過寬；又為顧及選任不易，亦不能太嚴，故有雙重多數決之選任方法。船舶共有人選任共有船舶經理人，係屬民法上之委任。兩者之法律關係，除海商法或船舶登記法有特別規定外，應適用民法關於委任及經理人之規定。又海商法僅對共有船舶經理人之選任方法加以規定，對於其資格方面，海商法及民法並無任何限制，自然人、法人、共有人或共有人以外之人，均可充任。惟法人為共有船舶經理人時，應指派自然人經營共有船舶業務。

㈢根據海商法第十九條第一項及第十一條之規定，共有船舶經理人若欲抵

押共有船舶，須經共有人過半數並其應有部份之價值合計過半數之同意；以及船舶共有人之書面委任。此為船舶經理人權限之法定限制，對此船舶共有人可對抗任何第三人，包括善意、惡意。

㈣船舶共有人與共有船舶經理人雙方約定關於抵押或出賣船舶以外之權限限制，如船舶修繕、金錢借貸或船舶保險等，在當事人間，本於契約自由原則，其約定有效。惟經理人逾越約定權限時，船舶共有人得請求損害賠償。另外，船舶共有人對於船舶經理人權限所加之限制，根據海商法第十九條第二項之規定，不得對抗善意第三人。

㈤根據海商法第十八條之規定，經理人關於船舶之營運，在訴訟上或訴訟外代表共有人。「關於船舶之營運」，係指船舶之營運通常所發生之事項而言，如準備航海有關之事宜、保存船舶有關之事宜、運送契約之締結、海上保險契約之締結及船長海員之僱用與指示。對於船舶營運無關之事項，如共有船舶經理人自意開闢新航線、船舶重大修繕、金錢借貸及船舶保險等而負有債務者，是否可對抗第三人？對此海商法並無明文，學說則有肯定說與否定說兩種。茲說明如下：

1. 通說：肯定說

凡有關共有人法律上或實質上利益之行為，足以發生所有權增損變化之效果者，在解釋上均需經共有人過半數並其應有部份之價值合計過半數之同意及書面委任。若欠缺其一時，可對抗第三人。

2. 少數說：否定說

⑴海商法第十一條與第十九條規定性質不同

凡與共有人共同利益有關之事項，應經共有人過半數並其應有部份之價值合計過半數之同意，方得以對全體船舶共有人發生效力。此係指船舶共有人之對內關係而言。而海商法第十九條係規範船舶共有人可否對抗第三人，為船舶共有人之對外關係。

⑵就法條存在之意義而言

凡與共有人共同利益有關之事項，均得對抗第三人，則第十九條第一項將失其存在意義。

(3)就善意第三人之保護而言

「凡有關共有人法律上或實質上利益之行為，足以發生所有權增損變化之效果者」，並無一定之判斷標準，採取肯定說，將無人敢與共有船舶經理人從事交易行為。

3. 管　見

海商法第十九條第一項，係指共有船舶經理人船舶處分權之法定限制，惟僅規定出賣及抵押兩種。共同船舶經理人可否對共有船舶為其他之處分行為，如船舶委付，解釋上應可類推適用海商法第十九條第一項之規定，亦即需經共有人過半數並其應有部份之價值合計過半數之同意，並有書面委任，方為有效。然若共有船舶經理人非對船舶為處分行為，縱使事涉共有人共同利益，如開闢新航線、重大修繕及出租等，仍無海商法第十九條第一項規定之適用，以保護交易安全。

(六)根據海商法第十七條，共有船舶經理人之選任，係基於船舶共有人之意思，共有船舶經理人依法應為船舶共有人之意定代理人。而共有船舶經理人，根據海商法第十八條之規定，關於船舶之營運，在訴訟上或訴訟外，代表共有人。海商法第十八條雖稱「代表」，實則「法定代理」，因船舶共有並非法人，故無代表人之問題。海商法第十八條有關法定代理之規定，應屬有關共有船舶經理人權限之特別規定。亦即不論在法定代理或意定代理之情形，共有船舶經理人之故意或過失，均非為船舶共有人之故意或過失。故船舶共有人若能主張係訂有運送契約之本船貨物，並已善盡海商法第六十二條及第六十三條之注意義務，自可引用海商法第六十九條第一款主張免責。

結論

(一)根據海商法第十七條之規定，船舶共有人甲乙丙應選任共有船舶經理人，經營其業務。以避免船舶共有人因人數眾多，意見分歧，專權不一，影響航業之營運。

(二)根據海商法第十七條之規定，船舶共有人甲乙丙欲選任共有船舶經理人，

應以共有人過半數，並其應有部份之價值合計過半數之同意為之。

㈢根據海商法第十九條第一項及第十一條之規定，共有船舶經理人丁若欲抵押共有船舶，須經共有人過半數並其應有部份之價值合計過半數之同意；以及船舶共有人之書面委任。

㈣本於契約自由原則，船舶共有人甲乙丙可與共有船舶經理人丁約定其不得向外舉債。惟此項約定，根據海商法第十九條第二項之規定，不得對抗善意第三人。

㈤共有船舶經理人自行決定開闢新航線，並非對船舶為處分行為，故無海商法第十九條第一項之適用。而應依共有船舶經理人與船舶共有人之委任契約，加以判斷經理人是否有債務不履行之損害賠償及海商法第十九條第二項之適用。

㈥共有船舶經理人丁係船舶共有人之代理人，與船舶共有人甲乙丙係屬不同之人。若船舶共有人甲乙丙能主張係訂有運送契約之本船貨物，並已善盡海商法第六十二條及第六十三條之注意義務，自可引用海商法第六十九條第一款主張免責。

練習題

㈠對於船舶經理人之權限，加以限制者，不得對抗善意第三人。如經理人自意開闢新航線而負有債務者，是否亦在「不得對抗」之列？

㈡甲乙丙三位船舶共有人對於共有船舶經理人之人選看法不一，請問依法應如何產生人選？又共有船舶經理人是否有權對共有船舶為保險之委付或開闢新航線？

參考法條

海商法第 17 條

船舶共有人，應選任共有船舶經理人，經營其業務，共有船舶經理人之選任，應以共有人過半數，並其應有部分之價值合計過半數之同意為之。

海商法第 18 條

共有船舶經理人關於船舶之營運,在訴訟上或訴訟外代表共有人。

海商法第 19 條

I 共有船舶經理人,非經共有人依第十一條規定之書面委任,不得出賣或抵押其船舶。

II 船舶共有人,對於共有船舶經理人權限所加之限制,不得對抗善意第三人。

海商法第 62 條

I 運送人或船舶所有人於發航前及發航時,對於下列事項,應為必要之注意及措置:
一 使船舶有安全航行之能力。二 配置船舶相當船員、設備及供應。三 使貨艙、冷藏室及其他供載運貨物部分適合於受載、運送與保存。

II 船舶於發航後,因突失航行能力所致之毀損或滅失,運送人不負賠償責任。

III 運送人或船舶所有人為免除前項責任之主張,應負舉證之責。

海商法第 63 條

運送人對於承運貨物之裝載、卸載、搬移、堆存、保管、運送及看守,應為必要之注意及處置。

海商法第 69 條

因下列事由所發生之毀損或滅失,運送人或船舶所有人不負賠償責任:一 船長、海員、引水人或運送人之受僱人,於航行或管理船舶之行為而有過失。二 海上或航路上之危險,災難或意外事故。三 非由於運送人本人之故意或過失所生之火災。四 天災。五 戰爭行為。六 暴動。七 公共敵人之行為。八 有權力者之拘捕、限制或依司法程序之扣押。九 檢疫限制。十 罷工或其他勞動事故。十一 救助或意圖救助海上人命或財產。十二 包裝不固。十三 標誌不足或不符。十四 因貨物之固有瑕疵、品質或特性所致之耗損或其他毀損滅失。十五 貨物所有人、託運人或其代理人、代表人之行為或不行為。十六 船舶雖經注意仍不能發現之隱有瑕疵。十七 其他非因運送人或船舶所有人本人之故意或過失及非因其代理人、受僱人之過失所致者。

　　A 船之所有權人甲，因近期內不會使用 A 船，乃將 A 船出租於從事航海事業之乙航運公司。乙即以 A 船承載丙託運之貨物，運送途中，因 A 船之船長操作不當，致 A 船撞及冰山造成丙之貨物毀損滅失。請問：丙應如何對甲乙主張？甲乙誰可援引海商法第二十一條或第六十九條之規定？

解析

㈠船舶所有人之意義，若從民法物權編之規定觀察，「所有人」係指對物享有所有權之人，屬於「靜」之歸屬關係。

㈡船舶所有人之意義，若依海商法之規定，因海商法所規範者，係航海業務活動所生之私法上權利義務關係，即「所有人」應以實際利用之有無作為判斷標準。亦即以「動的利用」作為判定之標準。

㈢根據海商法第二十一條第二項之規定，船舶所有人包括船舶所有權人、船舶承租人、經理人及營運人。茲說明如下：

1. 船舶所有權人

　　係指航行船舶依船舶登記法所登記之船舶所有權人。

2. 船舶承租人

　　係指就航行船舶與船舶所有權人訂有光船租賃契約之傭船人。

3. 經理人

　　係指就航行船舶受委任經營其航運業務之人。

4. 營運人

　　係指航行船舶之船舶所有權人、船舶承租人、經理人以外有權為船舶營運之人，如運送人。

㈣本題中，實際經營航海事業者，係船舶承租人乙，船舶所有權人並未實際經營航海業務。貨物運送契約之當事人係乙丙，非甲丙。實際造成丙託運貨物之毀損滅失者係乙之海上履行輔助人，故丙不可依運送契約或

侵權行為對甲為任何主張。丙可依乙之海上履行輔助人船長之過失為由，造成貨物之毀損滅失，依民法第一百八十八條之規定，主張乙及其船長應負侵權行為之連帶賠償責任。此外，丙亦得依民法第二百二十四條之規定，向乙主張民法第二百二十六條第一項之債務不履行之損害賠償責任，此為無限責任。亦即須就被害人所受損害及所失利益，依民法第二百十六條負責。惟乙可根據海商法第二十一條第一項第一款之規定，或海商法第六十九條第一款之規定，主張負有限責任或免責。蓋因海上企業之危險性，亦即海上企業活動，危險甚大，亦難預防，損害賠償之數額不易證明，若不減輕或免除船舶所有人之責任，將造成無人樂於從事航海事業。

㈤船舶所有人欲引用海商法第六十九條各款之免責事由，或第二十一條第一項各款之責任限制時，必須先盡到以下前提要件：

1. 海商法第六十一條減輕或免除強制責任之限制。

2. 海商法第六十二條，運送人或船舶所有人於發航前及發航時，對於下列事項，應為必要之注意及措置：一　使船舶有安全航行之能力。二　配置船舶相當船員、設備及供應。三　使貨艙、冷藏室及其他供載運貨物部份適合於受載、運送與保存。船舶於發航後，因突失航行能力所致之毀損或滅失，運送人不負賠償責任。運送人或船舶所有人為免除前項責任之主張，應負舉證之責。

3. 海商法第六十三條之貨物照管義務。亦即運送人對於承運貨物之裝載、卸載、搬移、堆存、保管、運送及看守，應為必要之注意及處置。

㈥海商法第二十一條或第六十九條之抗辯事由，必須當事人主張後，法院才可加以審酌。亦即未抗辯前，依民法負無限責任；抗辯後，才依海商法免責或負有限責任。

㈦本題中，實際從事航海事業者係承租人乙，而承租人乙依據海商法第二十一條第二項之規定，亦為船舶所有人。

結論

㈠本題船舶承租人乙，因實際從事航海事業，是為海商法第二十一條第二項之船舶所有人。

㈡乙既為船舶所有人，若乙能舉證證明已盡海商法第六十二條之堪航注意義務，及第六十三條之貨物照管義務，同時並無第六十一條之減輕或免除強制責任之限制，乙可援用海商法第六十九條第一款免責事由或第二十一條第一項第一款責任限制事由，作為抗辯。

練習題

㈠海商法上船舶所有人與民法物權編之船舶所有權人，概念有何不同？

㈡船舶承租人是否為船舶所有人？

㈢船舶所有人之契約責任或侵權行為責任，民法之規定與海商法之規定有何不同？

參考法條

海商法第 21 條第 1 項

船舶所有人對下列事項所負之責任，以本次航行之船舶價值、運費及其他附屬費為限：一　在船上、操作船舶或救助工作直接所致人身傷亡或財物毀損滅失之損害賠償。二　船舶操作或救助工作所致權益侵害之損害賠償。但不包括因契約關係所生之損害賠償。三　沉船或落海之打撈移除所生之債務。但不包括依契約之報酬或給付。四　為避免或減輕前二款責任所負之債務。

海商法第 21 條第 2 項

前項所稱船舶所有人，包括船舶所有權人、船舶承租人、經理人及營運人。

海商法第 61 條

以件貨運送為目的之運送契約或載貨證券記載條款、條件或約定，以減輕或免除運送人或船舶所有人，對於因過失或本章規定應履行之義務而不履行，致有貨物毀損、滅失或遲到之責任者，其條款、條件或約定不生效力。

海商法第 69 條

因下列事由所發生之毀損或減失，運送人或船舶所有人不負賠償責任：一　船長、海員、引水人或運送人之受僱人，於航行或管理船舶之行為而有過失。二　海上或航路上之危險、災難或意外事故。三　非由於運送人本人之故意或過失所生之火災。四　天災。五　戰爭行為。六　暴動。七　公共敵人之行為。八　有權力者之拘捕、限制或依司法程序之扣押。九　檢疫限制。十　罷工或其他勞動事故。十一　救助或意圖救助海上人命或財產。十二　包裝不固。十三　標誌不足或不符。十四　因貨物之固有瑕疵、品質或特性所致之耗損或其他毀損減失。十五　貨物所有人、託運人或其代理人、代表人之行為或不行為。十六　船舶雖經注意仍不能發現之隱有瑕疵。十七　其他非因運送人或船舶所有人本人之故意或過失及非因其代理人、受僱人之過失所致者。

民法第 188 條

I 受僱人因執行職務，不法侵害他人之權利者，由僱用人與行為人連帶負損害賠償責任。但選任受僱人及監督其職務之執行，已盡相當之注意或縱加以相當之注意而仍不免發生損害者，僱用人不負賠償責任。

II 如被害人依前項但書之規定，不能受損害賠償時，法院因其聲請，得斟酌僱用人與被害人之經濟狀況，令僱用人為全部或一部之損害賠償。

III 僱用人賠償損害時，對於為侵權行為之受僱人，有求償權。

民法第 216 條

I 損害賠償，除法律另有規定或契約另有訂定外，應以填補債權人所受損害及所失利益為限。

II 依通常情形，或依已定之計劃、設備或其他特別情事，可得預期之利益，視為所失利益。

民法第 224 條

債務人之代理人或使用人，關於債之履行有故意或過失時，債務人應與自己之故意或過失負同一責任。但當事人另有訂定者，不在此限。

民法第 226 條第 1 項

因可歸責於債務人之事由，致給付不能者，債權人得請求賠償損害。

問題十八　船舶所有人責任限制之立法理由及立法例

> 　　甲公司以其所有之 A 船出租於乙，乙以之運載丙之貨物。A 船抵達高雄港時，因機器故障，撞及港埠設施，致丙之貨物全部沈沒。請問：
> 一、船舶所有人責任限制之立法理由及各國之立法例及其優缺點為何？
> 二、乙可否主張責任限制？乙之賠償責任為何？

解析

㈠船舶所有人責任限制係指船舶所有人就航行輔助人所為之侵權行為或違反契約所生之債務，負財產上之有限責任。

㈡船舶所有人責任限制之立法理由如下：

1. 發展航運政策

   海上企業活動，因其航行地點在於海上或與海相通之水面或水中，其危險性較高，亦難預防，損害賠償數額不易證明，若不減輕船舶所有人責任，將造成無人樂於從事航海事業，一國之航運政策，將無從發展。

2. 船舶所有人對船長、海員不易指揮監督

   船舶在航行中，並非船舶所有人可輕易掌控，船長在航海中之權限極大，且船長與海員在航行中行動自由，船舶所有人無法直接指揮監督，若因船長或海員之故意或過失，讓船舶所有人負無限責任，對其不免過苛。

3. 船舶所有人不能任意選任船長、海員

   船長及其他高級海員，須經國家考試及格並領有證書時，始得充任。一經充任，亦應認為其具勝任能力，非船舶所有人所能任意選任，故不能與民法第一百八十八條之規定，相提併論。

㈢船舶所有人責任限制，各國之立法例如何？其優缺點如何？茲說明如下：

1. 委付主義

⑴意　義

委付主義係指船舶所有人因船舶業務活動所生之債務，與其他債務相同，原則上應以其全部財產，負人之無限責任，但船舶所有人若有委棄之意思，則以海產為限，負物之有限責任，故亦稱委棄主義。此為法國立法例。

⑵優　點

委付主義之優，在於發航前，即可精確估計船舶所有人之責任最高限度；且債權人對於船舶所有人應償付其債權之海產，十分明瞭，不易與陸產相混淆。

⑶缺　點

委付主義之缺，在於其常使船舶於發生債務後，被繫留於碼頭，不能充分利用或處分；同時會影響船舶所有人興造大船好船之意願，使一國之航運事業處於不利之地位；甚至在船舶全部滅失時，船舶所有人可藉委棄船舶，等於變相不負責任。

2.執行主義

⑴意　義

執行主義係指船舶所有人就船舶業務所生之債務，僅就本次海產為限，負物之有限責任，若執行結果，不足清償債務時，即可免責。執行主義又稱海產主義，此為德國立法例。

⑵優　點

執行主義之優，在於簡單明瞭，具有實用性；且船舶所有人僅就本次之海產為限負責，對其保護較為周到。

⑶缺　點

執行主義之缺，在於將船舶所有人之財產區分為海產與陸產，有失財產之整體性；同時船舶所有人以老舊之船舶航行時，遇有海難，則任其沉毀，仍可抵償，實與不負責任相同；此外，以船舶為強制執行之財產，則船舶所有人往往任其船舶荒廢而怠於修理保養，致債權人遭受無謂之損失。

3.船價主義

⑴意　義

船價主義係指船舶所有人僅就本次航行之「船舶價值」、「運費收益」及「附屬費」之範圍內，就其財產負人之有限責任，若船舶所有人不提出船舶價值，亦可將船舶委棄於債權人。此為美國立法例。

⑵優　點

船價主義之優，在於船舶所有人只須提供相當於「船舶價值」之現金，即可繼續利用或處分其船舶；此外，當損害賠償額度相當龐大時，船舶所有人亦可委棄船舶於債權人，以代債務之清償。

⑶缺　點

船價主義之缺，在於當船舶價值低於損害賠償額度時，船舶所有人必會選擇委棄船舶，此對債權人不利；況且船舶之價值如何，不易估計；尤其當船舶漂流孤島或沉沒海底時，仰賴專業人士之鑑定即有困難。

4.金額主義

⑴意　義

依船舶登記之總噸數為比例，分別就人之損害與物之損害，計算船舶所有人應負之責任。此為英國立法例。其計算方法如下：

a.對人損害：3100 法郎 × 登記噸數；

b.對物損害：1000 法郎 × 登記噸數；

c.對人及對物損害：先 2100 法郎 × 登記噸數賠償對人損害；

d.再以 1000 法郎 × 登記噸數賠償對物損害及對人損害未獲滿足者。

⑵優　點

金額主義之優，在於發航時，即可預知船舶所有人責任之最高限額，簡單明瞭，不若其他立法例在估算責任範圍時，易生困難與爭執。同時不論在人身傷亡及財產之損害，債權人均可獲得確實可靠之擔保；此外，船舶愈優良者，所有損失愈輕，可鼓勵建造性能優異之

船舶。

(3)缺　點

金額主義之缺，在於同航程中，若發生數次事故，對於每次事故均須按照船舶登記總噸數負責，對於船舶所有人而言，不免責任過重，故船舶所有人為逃避責任，常會虛設行號，利用公司法上有限責任之規定，一旦發生巨額賠償時，即宣告破產以逃避責任；同時大船造價高於小船，依登記總噸數負責，對於大船所有人而言，相當不公平；此外，若遇通貨膨脹，法律來不及修改時，往往無法及時反映船舶之造價，以致計算時與現實不符。

5.併用主義

併用主義係指以船價主義為主，金額主義為輔，以海產之價格為限，負人之有限責任。「1924 年關於海船所有人責任限制法規之國際統一公約」即採併用主義。

6.選擇主義

船舶所有人可就委付主義、船價主義及金額主義中擇一，以決定最高責任之限度。選擇主義之優在於加重船舶所有人之責任，以補救物之有限責任之缺失，然而船舶所有人既有選擇權，定會選擇三種主義中對其最有利之負責方式。選擇委付船舶及運費，以負物之有限責任，可謂對其最有利之負責方式。如此一來，選擇主義之立法目的，勢必難以達成。

(四)我國海商法第二十一條對於船舶所有人責任限制，係併用船價主義及金額主義，惟因第四項各款規定之數額偏低，故適用之結果，造成船價主義為主，金額主義為輔。茲說明如下：

1.我國海商法第二十一條第一項規定:「船舶所有人對下列事項所負之責任，以本次航行之船舶價值、運費及其他附屬費為限」，從其文義觀察，係採船價主義；再從海商法第二十一條之修正理由中載明，將往昔之「船價制與委付制」，修正為兼採「船價制與金額制」。

2.我國海商法第二十一條第四項係併用金額主義，其規定第一項責任限

制之數額，如低於下列標準時，船舶所有人應補足之：

(1)對物損害：54SDR（Special Drawing Right，特別提款權）×登記噸數。

(2)對人損害：162SDR×登記噸數。

(3)對人及對物損害：先 108SDR×登記噸數，賠償對人損害，再以 54 SDR×登記噸數，賠償對物損害及對人損害未獲滿足者。

(4)船舶登記總噸不足三百噸者，以三百噸計算。

我國海商法第二十一條在第一項船價主義外，又透過第四項兼採金額主義，其修正理由在於刺激及鼓勵船舶所有人淘汰質劣之老舊船舶，以積極建造性能優良之新船。

惟併用船價主義與金額主義，須「船價」與「金額」差距不大，才有意義。若兩者差距過大，雖名為併用，實際則採取其中一種主義，實無法「刺激及鼓勵船舶所有人淘汰質劣之老舊船舶」。海商法第二十一條第四項所訂之特別提款權，經換算為新臺幣僅六千元，仍在船價較低之「中古船」平均價之下，故其適用機會相當少。實質上仍採船價主義。此外，船價主義有其缺點，立法例採之甚少，而金額主義又為立法趨勢，海商法第二十一條所採之主義，實宜修改。

(五)船舶所有人責任之立法趨勢：

船舶所有人責任限制之立法例，有委付主義、執行主義、船價主義、金額主義、併用主義及選擇主義。各種主義均有其優缺點，故各國即致力於國際統一公約之制定。在「1957 年關於海船所有人責任限制之國際公約」第三條第一項之規定，即採金額主義；「1976 年海事求償責任限制公約」第六條規定，亦採金額主義，並以國際貨幣基金會之特別提款權(SDR) 作為計算單位。故金額主義應係未來國際之立法趨勢。

(六)依據我國海商法之規定，船舶所有人責任限制之要件有三：

1.得主張責任限制之人：

根據海商法第二十一條第一項係指船舶所有人，而船舶所有人依據同條第二項係指「船舶所有權人、船舶承租人、經理人及營運人」，亦即係指實際利用船舶而為航海營運之人。

2. 得主張責任限制之事項有四款,係參酌 1957 年海船所有人責任限制國際公約第一條第一項及 1976 年海事求償責任限制國際公約第二條第一項之規定, 及我國國情與政策加以修正。其四款分別為:

(1)在船上、操作船舶或救助工作直接所致人身傷亡或財物毀損滅失之損害賠償。

此係參照 1976 年海事求償責任限制公約第二條第一項 (a) 款,係指人身或財產上之具體損害。在「船上」所生損害,指在船舶上旅客、送行人、貨物裝卸操作人員之死傷或貨物、行李及因裝卸貨物所致機器之毀損滅失。「操作船舶」所生之損害,係指操作船舶直接發生之船舶外之損害。無論係人身或財物之損害賠償,皆與船舶操作有直接因果關係。如操作船舶發生船舶碰撞,致被害船舶上之乘客、船員發生傷亡或被害船舶之船體、貨載之毀損滅失或港灣設施、堤岸、碼頭等之所生之損害。「救助工作」所致之損害,救助者從事救助活動時,是否使用船舶在所不問,只須從事救助活動時,因作業上之疏失,直接造成被救助船舶上旅客之死傷或貨物之毀損等,即屬之。

(2)船舶操作或救助工作所致權益侵害之損害賠償。但不包括因契約關係所生之損害賠償。

此係參照 1976 年海事求償責任限制公約第二條第一項 (c) 款而來,係指船舶操作或救助工作所致之「抽象損失」,必須係前款「人身傷亡或財物毀損滅失」以外之「權益損害」,至於直接或間接所致之損害,皆包括在內。如漁業權或船舶上商店營業權之侵害。此外,本款限於非因契約關係所生之損害賠償,若有契約關係存在,因故意或過失不法侵害他人之權利或利益時,就其損害賠償不得依本款主張責任限制。如救助工作若出於自願乃屬於無因管理,其所生之損害賠償可主張責任限制;但若出於承攬契約時,則不可主張之。

(3)沉船或落海之打撈移除所生之債務。但不包括依契約之報酬或給付。

此係參照 1976 年海事求償責任限制公約第二條第一項 (d) 款及 (e)

款而來。「沉船」，指沉沒之船舶及航行上、營業上必要之設備及屬具。「落海」，掉落海中之貨載及船上之任何物品。「打撈移除」，使沉船、落海物再行浮生、移動或將之消除使其無害之行為。此等債務本屬公法上之義務，港務機關代為履行之費用，若船舶所有人不可主張責任限制，不免責任過於苛刻，對其權益保障不周。惟因契約之報酬或給付，船舶所有人則不得主張責任限制，否則使打撈或移除業者訂約裏足不前。

(4)為避免或減輕前二款責任所負之債務。

此係參照 1976 年海事求償責任限制公約第二條第一項 (f) 款而來。此等債務須出於無因管理或不當得利為原因之費用返還請求權。如將被害船舶拖帶至港口之拖帶費用。

3.責任限制之除外事由：

船舶所有人責任限制係原則，對此原則尚有例外規定，即海商法第二十二條。其共有六款：

(1)本於船舶所有人本人之故意或過失所生之債務。

當船舶所有人為「自然人」時，當然即指船舶所有人「本人」之故意或過失，不包括船舶所有人之代理人或使用人之過失。當船舶所有人為「法人」時，法人之代表機關之故意或過失，解釋上仍認為船舶所有人之故意或過失，法人不得主張責任限制。

(2)本於船長、海員及其他服務船舶之人員之僱用契約所生之債務。

為免船長、海員及其他服務人員無後顧之憂，在法律特別保護之，使此類僱用契約所生之債務，回歸民法使船舶所有人負無限責任。此之「服務船舶之人員」，係指與船舶所有人訂有僱用契約，其職務與船舶業務有關之所有人員而言，如引水人。此外，「僱用契約所生之債務」，除報酬外，尚包括海商法上之薪資、津貼請求權及船員法所規定之各種請求權。

(3)救助報酬及共同海損分擔額。

此款係參照 1957 年關於海船所有人責任限制之國際公約第一條第

四項第一款，及 1976 年海事求償責任限制公約第三條第一款之規定。救助之報酬因救助行為而生，若受救助人得主張責任限制，將無法鼓勵第三人冒險救助，更何況海商法第一百零三條第一項規定：「對於船舶或船舶上財物施以救助而有效果者，得按其效果請求相當之報酬。」救助、撈救而有效果時，才可請求。即其所負責任為有限，故無再主張責任限制之必要。

共同海損若允許船舶所有人主張責任限制，則其他利害關係人將增加負擔，造成不公平現象。此外，海商法第一百二十四條規定：「應負分擔義務之人，得委棄其存留物而免分擔海損之責。」已負有限責任，船舶所有人自無主張責任限制之必要。

(4)船舶運送毒性化學物質或油污所生損害之賠償。

海商法第二十二條第四款、五款及六款之立法理由，在於為防範此等事故發生，國際上乃採嚴格（危險）責任，而不採過失責任主義。

(5)船舶運送核子物質或廢料發生核子事故所生損害之賠償。

(6)核能動力船舶所生核子損害之賠償。

海商法第二十二條第四款、五款及六款不可主張責任限制，亦不可主張優先權（海商法第二十六條）。然因海商法第二十二條第四款、五款及六款所規定之損害一旦發生，其所生之損害及賠償相當嚴重及巨大，若未制定特別法，而令船舶所有人負無限責任，責任似嫌過重。對此，我國目前之特別法，僅有「核子損害賠償法」。

(七)得主張責任限制之範圍（標的）：

我國海商法對於船舶所有人責任限制制度，根據第二十一條第一項及第四項之規定，係採併用船價主義及金額主義，惟因第四項金額主義各款規定之數額偏低，故適用之結果，應以船價主義為主，金額主義為輔。船價主義，依據海商法第二十一條第一項之規定，船舶所有人主張責任限制時，以本次航行之船舶價值、運費及其他附屬費為限。本次航行之船舶價值，根據海商法第二十三條第一項之規定，由船舶所有人負證明責任。「本次航行」，依據海商法第二十一條第三項之規定係指船舶自一

港至次一港之航程（亦即採航段說）。至於船舶價值之估計，係依海商法第二十三條第二項各款之規定加以判斷。

船價主義下之運費，必須係船舶所有人實際可能收到者為限，不包括依法或依約不能收取之運費及票價（海商法第二十一條第三項）。又因海商法第二十一條第一項對於船舶所有人責任限制制度係採船價主義，故此之運費，僅為計算船舶所有人責任之範圍，非為強制執行之標的。至於附屬費，係指船舶因受損害應得之賠償（海商法第二十一條第三項），如因碰撞而得請求之損害賠償或船舶所有人得請求共同海損分擔額（海商法第一百十一條）。然附屬費不包括保險金（海商法第二十一條第三項但書）、獎金、津貼及其他國家補助金，因其非損害應得之賠償額。

結論

㈠船舶所有人責任限制之立法理由及各國之立法例及其優缺點為何？請參見上述之解析部份。

㈡本題中，船舶之所有人，係 A 船之承租人乙，A 船因機器故障，撞及港埠設施，致丙之貨物全部沉沒，船舶所有人可依據海商法第二十一條第一項第一款，以操作船舶直接所致財物毀損滅失之損害賠償，主張以本次航行之船舶價值、運費及其他附屬費為限負責。如其責任限制數額低於海商法第二十一條第四項第一款之標準時，船舶所有人應加以補足之。

練習題

㈠船舶所有人責任限制之立法趨勢為何？

㈡試論我國海商法對於船舶所有人責任限制之規定。

參考法條

海商法第 21 條

I 船舶所有人對下列事項所負之責任，以本次航行之船舶價值、運費及其他附屬費為限：一　在船上、操作船舶或救助工作直接所致人身傷亡或財物毀損滅失之損害賠

償。二　船舶操作或救助工作所致權益侵害之損害賠償。但不包括因契約關係所生之損害賠償。三　沉船或落海之打撈移除所生之債務。但不包括依契約之報酬或給付。四　為避免或減輕前二款責任所負之債務。

II 前項所稱船舶所有人，包括船舶所有權人、船舶承租人、經理人及營運人。

III 第一項所稱本次航行，指船舶自一港至次一港之航程；所稱運費，不包括依法或依約不能收取之運費及票價；所稱附屬費，指船舶因受損害應得之賠償。但不包括保險金。

IV 第一項責任限制數額如低於下列標準者，船舶所有人應補足之：一　對財物損害之賠償，以船舶登記總噸，每一總噸為國際貨幣基金，特別提款權五四計算單位，計算其數額。二　對人身傷亡之賠償，以船舶登記總噸，每一總噸特別提款權一六二計算單位計算其數額。三　前二款同時發生者，以船舶登記總噸，每一總噸特別提款權一六二計算單位計算其數額。但人身傷亡應優先以船舶登記總噸，每一總噸特別提款權一〇八計算單位計算之數額內賠償，如此數額不足以全部清償時，其不足額再與財物之毀損滅失，共同在現存之責任限制數額內比例分配之。四　船舶登記總噸不足三百噸者，以三百噸計算。

海商法第 22 條

前條責任限制之規定，於下列情形不適用之：一　本於船舶所有人本人之故意或過失所生之債務。二　本於船長、海員及其他服務船舶之人員之僱用契約所生之債務。三　救助報酬及共同海損分擔額。四　船舶運送毒性化學物質或油污所生損害之賠償。五　船舶運送核子物質或廢料發生核子事故所生損害之賠償。六　核能動力船舶所生核子損害之賠償。

海商法第 23 條

I 船舶所有人，如依第二十一條之規定限制其責任者，對於本次航行之船舶價值應證明之。

II 船舶價值之估計，以下列時期之船舶狀態為準：一　因碰撞或其他事變所生共同海損之債權，及事變後以迄於第一到達港時所生之一切債權，其估價依船舶於到達第一港時之狀態。二　關於船舶在停泊港內發生事變所生之債權，其估價依船舶在停泊港內事變發生後之狀態。三　關於貨載之債權或本於載貨證券而生之債權，除前二款情形外，其估價依船舶於到達貨物之目的港時，或航行中斷地之狀態，如貨載應送達於數個不同之港埠，而損害係因同一原因而生者，其估價依船舶於到達該數港中之第一港時之狀態。四　關於第二十一條所規定之其他債權，其估價依船舶航行完成時之狀態。

海商法第 26 條

本法第二十二條第四款至第六款之賠償請求，不適用本法有關海事優先權之規定。

海商法第 103 條第 1 項

對於船舶或船舶上財物施以救助而有效果者，得按其效果請求相當之報酬。

海商法第 111 條

共同海損以各被保存財產價值與共同海損總額之比例，由各利害關係人分擔之。因
共同海損行為所犧牲而獲共同海損補償之財產，亦應參與分擔。

海商法第 124 條

應負分擔義務之人，得委棄其存留物而免分擔海損之責。

民國八十八年我國海商法對於船舶所有人責任限制制度修正內容為何？此次修正所採主義如何？

解析

(一)民國八十八年之修正內容如下：

1. 限縮責任限制項目

舊海商法得主張責任限制之項目有九款，新海商法只餘四款。因制定船舶所有人責任限制理由之一，在於船舶所有人無法隨時指揮監督船舶，加上海上風險之不可預測性，因而有存在之必要。但現在科技發達、船舶所有人可透過無線電指揮監督船舶，並利用衛星等系統預測天候等因素，故對於責任限制項目，有加以限縮之必要。

2. 明確定義船舶所有人

舊海商法並未明確定義船舶所有人，對於何者為主張責任限制之主體，仍需解釋為之。新法於海商法第二十一條第二項明定船舶所有人包括船舶所有權人、船舶承租人、經理人及營運人。

3. 增加受害人賠償

舊法對船舶所有人責任限制採取船價主義與類似委任主義之擇一適用。新海商法修正為船價主義及金額主義之併用主義，刪除委付主義，以免船舶所有人藉口沉船反而得免除責任，並為提高對受害人賠償，明文規定須在船價主義所計算之金額低於金額主義時，船舶所有人應補足之，以充分保障受害人。

4. 人身份之優先賠償

新海商法第二十一條第四項所規定之賠償數額中，人身份之賠償數額高於財物之賠償。

(二)此次修正改採船價主義及金額主義之併用主義：

新海商法對於船舶所有人責任限制係併用船價主義及金額主義。即船舶

所有人依船價主張所計算之賠償額倘低於依金額主義所計算之賠償額，則船舶所有人至少應提出相當於以金額計算之賠償額。其修正理由在於刺激及鼓勵船舶所有人淘汰質劣之老舊船舶，以積極建造性能優良之新船。

併用船價主義與金額主義，須「船價」與「金額」差距不大，才有意義。若兩者差距過大，雖名為併用，實際則採取其中一種主義，實無法「刺激及鼓勵船舶所有人淘汰質劣之老舊船舶」。海商法第二十一條第四項所訂之特別提款權，經換算為新臺幣僅六千元，仍在船價較低之「中古船」平均價之下，故其適用機會相當少。實質上仍採船價主義。此外，船價主義有其缺點，立法例採之甚少，而金額主義又為立法趨勢，海商法第二十一條所採之主義，實宜修改。

練習題

㈠何謂船價主義？何謂金額主義？其優缺點各如何？

㈡我國海商法對於船舶所有人責任限制，究採何種立法主義？

參考法條

海商法第 21 條

I 船舶所有人對下列事項所負之責任，以本次航行之船舶價值、運費及其他附屬費為限：一　在船上、操作船舶或救助工作直接所致人身傷亡或財物毀損滅失之損害賠償。二　船舶操作或救助工作所致權益侵害之損害賠償。但不包括因契約關係所生之損害賠償。三　沉船或落海之打撈移除所生之債務。但不包括依契約之報酬或給付。四　為避免或減輕前二款責任所負之債務。

II 前項所稱船舶所有人，包括船舶所有權人、船舶承租人、經理人及營運人。

III 第一項所稱本次航行，指船舶自一港至次一港之航程；所稱運費，不包括依法或依約不能收取之運費及票價；所稱附屬費，指船舶因受損害應得之賠償。但不包括保險金。

IV 第一項責任限制數額如低於下列標準者，船舶所有人應補足之：一　對財物損害之賠償，以船舶登記總噸，每一總噸為國際貨幣基金，特別提款權五四計算單位，計

算其數額。二　對人身傷亡之賠償，以船舶登記總噸，每一總噸特別提款權一六二計算單位計算其數額。三　前二款同時發生者，以船舶登記總噸，每一總噸特別提款權一六二計算單位計算其數額。但人身傷亡應優先以船舶登記總噸，每一總噸特別提款權一〇八計算單位計算之數額內賠償，如此數額不足以全部清償時，其不足額再與財物之毀損減失，共同在現存之責任限制數額內比例分配之。四　船舶登記總噸不足三百噸者，以三百噸計算。

甲以其 A 船出租予乙，乙隨之用 A 船搭載丙之貨物。航行途中，因 A 船機器故障，致撞及丁之 B 船，造成丙之貨物全損。另外，甲將 A 船交付乙使用後，並將 A 船出賣於戊。請問：本題中之船舶所有人為何？丙應對船舶所有人為如何之主張？船舶所有人可為如何之主張？乙可否對戊主張繼續使用 A 船？戊何時取得船舶所有權？

解析

㈠船舶所有人責任限制之立法理由，在於獎勵投資及扶植造船工業；海上企業活動之危險性大，易生災害；船舶所有人對海員之航海行為難以指揮監督，以及船長、海員經國家考試及格，非船舶所有人得任意選任。根據海商法第二十一條第二項規定，船舶所有人係指船舶所有權人、船舶承租人、經理人及營運人。係指利用船舶，實際從事海上營運之人，至於是否具有船舶所有權，在所不問。惟有對船舶所有人採取廣義解釋，方能貫徹船舶所有人責任限制之立法理由。

㈡根據海商法第二十四條第一項第四款之規定「因船舶操作直接所致陸上或水上財物毀損滅失，對船舶所有人基於侵權行為之賠償請求」，為海事優先權擔保之債權，有優先受償之權。

㈢根據海商法第二十一條第一項之規定，船舶所有人對於「在船上、操作船舶或救助工作直接所致人身傷亡或財物毀損滅失之損害賠償」所負之責任，以本次航行之船舶價值、運費及其他附屬費為限。

㈣船舶所有權人，基於所有權之權能，依民法第七百六十五條之規定，得自由使用、收益、處分其所有物，故船舶所有權人於船舶出租並交付後，仍得將船舶所有權加以讓與。原承租人可依海商法第五條，根據民法第四百二十五條，對於船舶受讓人主張原租賃契約繼續存在。

㈤船舶所有權讓與之要件，根據海商法第八條之規定，當事人須作成書面讓與合意及向有關機關辦理蓋印證明，同時依海商法第九條之規定，非

經登記，不得對抗第三人。

結論

㈠本題中實際利用船舶從事海上營運之人，係船舶承租人乙，故船舶所有人係乙。

㈡丙可根據海商法第二十四條第一項第四款之規定，針對其貨物受損之損害賠償請求權，主張係海事優先權擔保之債權。

㈢承租人乙可根據海商法第二十一條第一項之規定，主張船舶所有人責任限制。

㈣乙可依據海商法第五條，適用民法第四百二十五條，主張其與甲之船舶租賃契約，對於船舶之受讓人戊仍繼續存在。

㈤根據海商法第八條之規定，戊與甲針對 A 船成立讓與之書面合意，並向一定機關辦理蓋印證明後，戊即可取得 A 船之所有權。

練習題

㈠甲船裝載某 A 託運之貨物，於航海中因船長之過失，與乙船相撞（乙船並無過失）致甲乙兩船及 A 之貨物均發生損害。請問：乙船對甲船之損害賠償請求權有無優先權？甲船得否主張責任限制？

㈡高雄市某甲木材商，與乙輪船公司訂定傭船契約，約定「輪船運送途中所生之損害乙公司不負賠償責任」，並應於九十年七月二日派該公司 A 輪船至花蓮港第二碼頭載運甲所有之檜木五百支至高雄港，嗣該船於七月四日航行至高雄外港時，因船長抽煙不慎失火，木材全部燒燬，船員紛紛棄船而逃，該船失去控制，致觸礁沉沒。甲乃於九十一年十月五日起訴請求乙輪船公司賠償損害，乙則分別提出下列事項主張，有無理由？理由安在？

　1.就甲之損害，乙主張限制責任。

　2.乙公司主張甲之賠償請求權已罹於時效消滅。

㈢甲將其所有之船舶出租與乙，乙以自己名義經營海上運送業務。某日，

因駕駛不慎撞及港埠設施，應賠償新臺幣 50 萬元。事後，甲收回該船舶並將之轉讓於丙，試問：乙能否主張船舶所有人責任限制？港埠人員於船舶轉讓後能否繼續主張其優先權？

參考法條

海商法第 21 條

I 船舶所有人對下列事項所負之責任，以本次航行之船舶價值、運費及其他附屬費為限：一　在船上、操作船舶或救助工作直接所致人身傷亡或財物毀損滅失之損害賠償。二　船舶操作或救助工作所致權益侵害之損害賠償。但不包括因契約關係所生之損害賠償。三　沉船或落海之打撈移除所生之債務。但不包括依契約之報酬或給付。四　為避免或減輕前二款責任所負之債務。

II 前項所稱船舶所有人，包括船舶所有權人、船舶承租人、經理人及營運人。

海商法第 24 條

I 下列各款為海事優先權擔保之債權，有優先受償之權：一　船長、海員及其他在船上服務之人員，本於僱傭契約所生之債權。二　因船舶操作直接所致人身傷亡，對船舶所有人之賠償請求。三　救助之報酬、清除沉船費用及船舶共同海損分擔額之賠償請求。四　因船舶操作直接所致陸上或水上財物毀損滅失，對船舶所有人基於侵權行為之賠償請求。五　港埠費、運河費、其他水道費及引水費。

II 前項海事優先權之位次，在船舶抵押權之前。

海商法第 5 條

海商事件，依本法之規定，本法無規定者，適用其他法律之規定。

海商法第 8 條

船舶所有權或應有部分之讓與，非作成書面並依下列之規定，不生效力：一　在中華民國，應申請讓與地或船舶所在地航政主管機關蓋印證明。二　在外國，應申請中華民國駐外使領館、代表處或其他外交部授權機構蓋印證明。

海商法第 9 條

船舶所有權之移轉，非經登記，不得對抗第三人。

民法第 425 條

I 出租人於租賃物交付後，承租人占有中，縱將其所有權讓與第三人，其租賃契約，對於受讓人仍繼續存在。

II 前項規定，於未經公證之不動產租賃契約，其期限逾五年或未定期限者，不適用之。

民法第 765 條

所有人，於法令限制之範圍內，得自由使用、收益、處分其所有物，並排除他人之干涉。

設美商甲將油品一批，以 **C.I.F.** 基隆港之價格授與臺灣進口商乙後，交由丙之 **A** 船運送來臺。該輪航至基隆港外海時，遭受強烈颱風，致該輪船貨物嚴重毀損並污染海面。基隆港在不得已下，乃僱工清理油污。在整個航行六個月途中，丙尚未支付其船長及海員薪資。請問：船長、海員、甲及基隆港務局分別向丙請求賠償，丙可否拒絕？

解析

㈠ C.I.F. 為 Cost Insurance Freight 之簡稱。亦即貨物之價格包含成本、保險及運費。國際貿易以 C.I.F. 為交易條件時，則出口商負有締結貨物運送契約之義務，其為運送契約之託運人。負有實施運送義務之人為運送人。有權自運送人領取貨物之人為受貨人。

㈡ 運送人依據運送契約應於目的港將所承運之貨物交付受貨人。受貨人依海商法第五條適用民法第六百四十四條，在符合以下條件下，取得貨物受領權：⑴運送物到達目的港；⑵經受貨人請求交付。若因運送人之事由無法依約在目的港將運送物交付受貨人，致受貨人無法取得運送物之所有權，運送人對受貨人之損害應負賠償責任。

㈢ 颱風係屬天災之一種。運送人若欲引用海商法第六十九條第四款主張免責，須主張免責之客體為訂有運送契約之本船貨物；且運送人已盡海商法第六十二條及第六十三條之注意義務。

㈣ 對於清除海上油污之費用，船舶所有人（即運送人）本可根據海商法第二十一條第一項第三款主張所有人責任限制，但因又符合海商法第二十二條第四款「油污所生損害之賠償」，故船舶所有人不可主張責任限制。然海商法第二十二條第四、五、六款所規定之損害一旦發生，其損害及賠償額度往往非常巨大，令船舶所有人負無限責任，似嫌過重。

㈤ 根據海商法第二十六條規定，本法第二十二條第四、五、六款之賠償請求，不適用本法有關海事優先權之規定，亦即依一般債權債務處理。

㈥為保護經濟上弱者，維護海上勞工之權益，對於薪資債權，不僅運送人不可主張船舶所有人責任限制（海商法第二十二條第二款），受僱人依據海商法第二十四條第一項第一款之規定，可主張海事優先權。

結 論

㈠丙係運送契約之運送人，免責之客體係訂有運送契約之本船貨物，若丙能舉證證明已善盡海商法第六十二條及第六十三條之注意義務，則其對於造成甲之貨物之毀損，可不負賠償責任。

㈡基隆港務局可向丙請求代為清除油污之費用，及因油污染所生之損害。根據海商法第二十二條第四款之規定，運送人丙不可主張責任限制，亦即丙須負無限責任。

㈢船長海員之薪資債權，依據海商法第二十二條第二款之規定，運送人（即船舶所有人）不可主張責任限制，亦即須負無限責任。同時船長海員對其薪資債權，亦可依海商法第二十四條第一項第一款主張海事優先權。

練習題

㈠臺灣進口商甲，以 C.I.F. 基隆港價格條件及付款交單 (D/P) 方式，向美國出口商購買貨物一批。出口商就該批貨物向 A 保險公司投保海上貨物保險，取得保險單；並就該批貨物交付予 B 輪船公司運送，取得載貨證券。輪船抵基隆外海時，因船長夜間打瞌睡，致該輪觸礁，輪上該批貨物全毀。試就下列問題分別附理由作答：甲得否向 A 保險公司及 B 輪船公司請求賠償？若 A 保險公司給付甲賠償金額後，A 得否對 B 輪船公司及船長行使保險人代位權？

㈡在海上貨物運送，貨物所有人向保險公司投保貨物損失險。茲因運送人所僱用之海員過失，致貨物發生毀損。試分貨物毀損因船舶管理有過失而發生與貨物毀損因貨物管理有過失而發生兩種情況，說明保險人於為保險給付後，如何行使代位請求權？

參考法條

海商法第 5 條

海商事件，依本法之規定，本法無規定者，適用其他法律之規定。

海商法第 21 條第 1 項

船舶所有人對下列事項所負之責任，以本次航行之船舶價值、運費及其他附屬費為限：一　在船上、操作船舶或救助工作直接所致人身傷亡或財物毀損滅失之損害賠償。二　船舶操作或救助工作所致權益侵害之損害賠償。但不包括因契約關係所生之損害賠償。三　沉船或落海之打撈移除所生之債務。但不包括依契約之報酬或給付。四　為避免或減輕前二款責任所負之債務。

海商法第 22 條

前條責任限制之規定，於下列情形不適用之：一　本於船舶所有人本人之故意或過失所生之債務。二　本於船長、海員及其他服務船舶之人員之僱用契約所生之債務。三　救助報酬及共同海損分擔額。四　船舶運送毒性化學物質或油污所生損害之賠償。五　船舶運送核子物質或廢料發生核子事故所生損害之賠償。六　核能動力船舶所生核子損害之賠償。

海商法第 24 條

I 下列各款為海事優先權擔保之債權，有優先受償之權：一　船長、海員及其他在船上服務之人員，本於僱傭契約所生之債權。二　因船舶操作直接所致人身傷亡，對船舶所有人之賠償請求。三　救助之報酬、清除沉船費用及船舶共同海損分擔額之賠償請求。四　因船舶操作直接所致陸上或水上財物毀損滅失，對船舶所有人基於侵權行為之賠償請求。五　港埠費、運河費、其他水道費及引水費。

II 前項海事優先權之位次，在船舶抵押權之前。

海商法第 69 條

因下列事由所發生之毀損或滅失，運送人或船舶所有人不負賠償責任：一　船長、海員、引水人或運送人之受僱人，於航行或管理船舶之行為而有過失。二　海上或航路上之危險、災難或意外事故。三　非由於運送人本人之故意或過失所生之火災。四　天災。五　戰爭行為。六　暴動。七　公共敵人之行為。八　有權力者之拘捕、限制或依司法程序之扣押。九　檢疫限制。十　罷工或其他勞動事故。十一　救助或意圖救助海上人命或財產。十二　包裝不固。十三　標誌不足或不符。十四　因貨物之固有瑕疵、品質或特性所致之耗損或其他毀損滅失。十五　貨物所有人、託

運人或其代理人、代表人之行為或不行為。十六 船舶雖經注意仍不能發現之隱有瑕疵。十七 其他非因運送人或船舶所有人本人之故意或過失及非因其代理人、受僱人之過失所致者。

民法第 644 條

運送物達到目的地，並經受貨人請求交付後，受貨人取得託運人因運送契約所生之權利。

　　船舶所有人之限制責任，依海商法第二十一條規定，以本次航行之船舶價值、運費及其他附屬費為限，依第二十三條規定，對於本次航行之船舶價值應證明之，關於該船舶價值之估計，應以何時為標準？

解析

(一)關於船舶價值估計之標準，立法主義有三：

　1. 事故主義

　　以每一事故終結時作為估計之時間。

　2. 航段主義

　　以事故發生後，船舶到達第一港時作為估計之時間。

　3. 航程主義

　　以船舶到達目的港時作為估算之時間。

(二)我國學者對於船舶價值之估計，共有二說，茲說明如下：

　1. 採航程主義

　　其認為採航程主義較符合船舶所有人責任限制之立法理由，對其較有利。此外，從海商法第二十一條第一項之「本次航行」而非「本段航行」，亦可印證採航程主義。

　2. 採航段主義

　　其認為若以一次之證明，將其船舶價值分配予多數債權人，似有不公；同時若為定期郵輪，其無目的港，則無估價之標準時；再就海商法第二十一條第三項對於「本次航行」之解釋，係指船舶自一港至次一港之航程，可知係採航段主義。

(三)管見以為對於船舶價值之估計，根據海商法第二十一條第三項對於「本次航行」之解釋，係指船舶自一港至次一港之航程，故應採航段主義。

(四)我國則規定於海商法第二十三條第二項，茲分述如下：

　1. 因碰撞或其他事變所生共同海損之債權，及事變後以迄於第一到達港

時所生之一切債權，其估價依船舶於到達第一港時之狀態。此係指海上事故而言，對於船舶價值之估計，應係採航段主義。所謂「事變後以迄於第一到達港時所生之一切債權」，係指船舶所有人於兩個港口間、同一航段上，因碰撞或共同海損以外之其他事故，所應負擔之債務。如A船於甲地發生事故後，在到達第一個港口以前，又發生第二次事故，其雖與第一次事故無因果關係，但船舶所有人僅提出一次船舶之價值即可，且其估價以第二次事故發生後，到達最近之港口時之價值為準。故船舶若因第二次事故而沉沒，則船舶所有人即可免去其所有之責任。

2. 關於船舶在停泊港內發生事變所生之債權，其估價依船舶在停泊港內事變發生後之狀態。此係指船舶在港內發生事變狀況而言。船舶進入港口後，連結數個事故為一體之「同一航段」之關係即為終結，港內所發生之損害賠償請求權為另一個債權團體。進港前之海上事故與港內事變，若無因果關係，則各自獨立，分別成立兩個債權團體；若有因果關係，則二者視為另一個債權團體，以利船舶所有人。

3. 關於貨載之債權或本於載貨證券而生之債權，除前二款情形外，其估價依船舶於到達貨物之目的港時，或航行中斷地之狀態，如貨載應送達於數個不同之港埠，而損害係因同一原因而生者，其估價依船舶於到達該數港中之第一港時之狀態。此係指運送契約所生之債務，亦採航段主義。其可分述如下：
   (1)若有海上事故或事變狀況發生，則不問其係運送契約或侵權行為之債權，均依海商法第二十三條第一款及第二款決定船舶價值。
   (2)無海上事故或事變狀況時，原則上以船舶到達目的港或航行中斷地之狀態為準。若貨載須送達數個不同目的港，損害基於同一原因時，以船舶到達該數港中第一港之狀態；若損害基於個別不同原因，依船舶到達各個目的港或航行中斷地之狀態為準。

4. 關於第二十一條所規定之其他債權，其估價依船舶航行完成時之狀態。即非因海上事故且非運送契約而生之債權，如船長依職權所為之借貸。

此則無區別採何主義之問題。

結論

㈠我國海商法對於船舶所有人責任限制主義係併用船價主義與金額主義。在船價主義中，船舶所有人負責範圍，係以本次航行之船舶價值、運費及其他附屬費為限。

㈡船舶所有人對於本次航行之船舶價值應證明之。船舶價值之估計，依海商法第二十三條第二項之規定，係採航段主義。與海商法第二十一條第三項所稱之「本次航行」，係指船舶自一港至次一港之航程，亦即航段主義相同。

練習題

㈠關於船舶價值估計之標準，立法主義有何？

㈡對於船舶價值之估計，我國海商法係採取何種主義？

參考法條

海商法第 21 條

I 船舶所有人對下列事項所負之責任，以本次航行之船舶價值、運費及其他附屬費為限：一　在船上、操作船舶或救助工作直接所致人身傷亡或財物毀損滅失之損害賠償。二　船舶操作或救助工作所致權益侵害之損害賠償。但不包括因契約關係所生之損害賠償。三　沉船或落海之打撈移除所生之債務。但不包括依契約之報酬或給付。四　為避免或減輕前二款責任所負之債務。

II 前項所稱船舶所有人，包括船舶所有權人、船舶承租人、經理人及營運人。

III第一項所稱本次航行，指船舶自一港至次一港之航程；所稱運費，不包括依法或依約不能收取之運費及票價；所稱附屬費，指船舶因受損害應得之賠償。但不包括保險金。

IV第一項責任限制數額如低於下列標準者，船舶所有人應補足之：一　對財物損害之賠償，以船舶登記總噸，每一總噸為國際貨幣基金，特別提款權五四計算單位，計算其數額。二　對人身傷亡之賠償，以船舶登記總噸，每一總噸特別提款權一六二

計算單位計算其數額。三　前二款同時發生者，以船舶登記總噸，每一總噸特別提款權一六二計算單位計算其數額。但人身傷亡應優先以船舶登記總噸，每一總噸特別提款權一〇八計算單位計算之數額內賠償，如此數額不足以全部清償時，其不足額再與財物之毀損滅失，共同在現存之責任限制數額內比例分配之。四　船舶登記總噸不足三百噸者，以三百噸計算。

海商法第 23 條

I 船舶所有人，如依第二十一條之規定限制其責任者，對於本次航行之船舶價值應證明之。

II 船舶價值之估計，以下列時期之船舶狀態為準：一　因碰撞或其他事變所生共同海損之債權，及事變後以迄於第一到達港時所生之一切債權，其估價依船舶於到達第一港時之狀態。二　關於船舶在停泊港內發生事變所生之債權，其估價依船舶在停泊港內事變發生後之狀態。三　關於貨載之債權或本於載貨證券而生之債權，除前二款情形外，其估價依船舶於到達貨物之目的港時，或航行中斷地之狀態，如貨載應送達於數個不同之港埠，而損害係因同一原因而生者，其估價依船舶於到達該數港中之第一港時之狀態。四　關於第二十一條所規定之其他債權，其估價依船舶航行完成時之狀態。

甲以其 **A** 船運送乙價值一千萬之貨物,自基隆港前往高雄港。於航海途中,因船長之過失,與丙之 **B** 船相撞。A 船上乙之貨物全毀,B 船上之貨物損失為一億元。經高雄港務局海事評議會判斷結果,A 船確為航海技術上之過失(航海過失),而 B 船亦有 **40%** 之過失。請問:

一、甲得否向乙主張免責?若無法主張免責,則乙向甲所得請求之賠償金額為何?其優先權之位次如何?

二、丙得否向乙主張免責?若無法主張免責,則乙向丙所得請求之賠償金額為何?其優先權之位次如何?

三、甲對 **B** 輪上貨物所受之損害,得否主張責任限制?

解析

㈠運送人對於其使用人之航行上過失所致之貨物毀損滅失,若欲引用海商法第六十九條第一款主張免責,須符合以下二條件:

　1.法定免責之客體,限於訂有運送契約之本船貨物。

　2.運送人已盡海商法第六十二條船舶堪航能力之注意義務;以及第六十三條之貨物一般注意義務。

　運送人若未符合以上條件,自不得主張免責。

㈡根據海商法第九十七條第一項規定,碰撞之各船舶有共同過失時,各依其過失程度之比例負其責任,不能判定其過失之輕重時,各方平均負責。亦即對於物之損害,採分割責任。能判定各船舶過失之輕重時,依過失程度比例負責,此為過失輕重比例主義;不能判定碰撞各船舶過失之輕重時,平均負責,此為平均主義。

㈢運送人因其過失致船舶碰撞,導致託運人貨物之毀損,託運人可依據海商法第二十四條第一項第四款之規定,向運送人主張海事優先權。此項海事優先權之位次,依海商法第二十九條第一項之規定,係屬第四優先。其所主張之範圍,則以海商法第二十七條所規定之標的為限。優先權人

行使優先權時，必須表明對海商法第二十七條之特定標的行使優先受償之權利，否則僅係就原債權為主張，不得謂已行使優先權。

㈣託運人依海商法第二十四條第一項第四款主張海事優先權時，運送人亦可依同法第二十一條第一項第一款主張船舶所有人責任限制。

㈤運送人根據海商法第二十一條第一項第一款主張船舶所有人責任限制時，只須因船舶操作，侵權行為所致人身傷亡或財物損害，即可主張。至於發生場所在船上或船外，在所不問。

結 論

㈠甲乙訂有貨物運送契約，對於甲之使用人船長因航行上過失導致乙貨物之全毀，若甲能舉證已善盡海商法第六十二條及第六十三條之注意義務，則甲可引用同法第六十九條第一款主張免責。若甲未能舉證已善盡海商法第六十二條及第六十三條之注意義務，則根據海商法第九十七條第一項，甲須依其過失程度之比例負責。即甲所賠償之金額為：$(1-40\%)\times1000$萬 = 600萬。乙之 600 萬債權，根據海商法第二十九條第一項及第二十四條第一項第四款之規定，其為第四優先之海事優先權。惟運送人甲亦可依海商法第二十一條第一項第一款，主張船舶所有人責任限制。

㈡運送人欲引用海商法第六十九條各款主張免責時，須限於訂有運送契約之本船貨物。乙丙未訂有貨物運送契約，丙自無引用可能。根據海商法第九十七條第一項之規定，丙所須賠償之金額為：$40\%\times1000$萬 = 400萬元。乙對丙之 400 萬元債權，根據海商法第二十九條第一項及同法第二十四條第一項第四款之規定，其為第四優先之海事優先權。

㈢甲可依據海商法第二十一條第一項第一款之規定，對 B 船上貨物所受之損害，主張船舶所有人責任限制。

練習題

㈠某甲以其所有籍設臺灣 X 港之 K 輪，裝載某乙之貨物，該貨價值一億元，自臺灣之 X 港運往美國之 Z 港。途中因風浪觸礁，在日本之 Y 港附近，

發生救助報酬債權，甲應付丙三千萬元。其後繼續航行途中又發生船舶共同海損分擔額之債權，甲應付丁一千萬元。抵達 Z 港後發現乙之貨物全毀而且 K 輪之海員戊因船舶操作直接所致之受傷，甲應付戊七百萬元，K 輪船長己之薪資債權三百萬元，甲亦尚未支付。在此情況下，若 K 輪本次航行之船舶價值、運費及其他附屬費（此責任限制數額未低於海商法第二十一條第四項所列之標準）共為四千萬元，則乙、丙、丁、戊、己應如何參與分配？試分別就法條及學說加以說明。

參考法條

海商法第 24 條第 1 項

下列各款為海事優先權擔保之債權，有優先受償之權：一　船長、海員及其他在船上服務之人員，本於僱傭契約所生之債權。二　因船舶操作直接所致人身傷亡，對船舶所有人之賠償請求。三　救助之報酬、清除沉船費用及船舶共同海損分擔額之賠償請求。四　因船舶操作直接所致陸上或水上財物毀損滅失，對船舶所有人基於侵權行為之賠償請求。五　港埠費、運河費、其他水道費及引水費。

海商法第 27 條

依第二十四條之規定，得優先受償之標的如下：一　船舶、船舶設備及屬具或其殘餘物。二　在發生優先債權之航行期內之運費。三　船舶所有人因本次航行中船舶所受損害，或運費損失應得之賠償。四　船舶所有人因共同海損應得之賠償。五　船舶所有人在航行完成前，為施行救助所應得之報酬。

海商法第 29 條第 1 項

屬於同次航行之海事優先權，其位次依第二十四條各款之規定。

海商法第 69 條

因下列事由所發生之毀損或滅失，運送人或船舶所有人不負賠償責任：一　船長、海員、引水人或運送人之受僱人，於航行或管理船舶之行為而有過失。二　海上或航路上之危險、災難或意外事故。三　非由於運送人本人之故意或過失所生之火災。四　天災。五　戰爭行為。六　暴動。七　公共敵人之行為。八　有權力者之拘捕、限制或依司法程序之扣押。九　檢疫限制。十　罷工或其他勞動事故。十一　救助或意圖救助海上人命或財產。十二　包裝不固。十三　標誌不足或不符。十四　因貨物之固有瑕疵、品質或特性所致之耗損或其他毀損滅失。十五　貨物所有人、託

運人或其代理人、代表人之行為或不行為。十六　船舶雖經注意仍不能發現之隱有瑕疵。十七　其他非因運送人或船舶所有人本人之故意或過失及非因其代理人、受僱人之過失所致者。

海商法第 97 條第 1 項

碰撞之各船舶有共同過失時，各依其過失程度之比例負其責任，不能判定其過失之輕重時，各方平均負其責任。

　　甲之 A 船以載運私貨為主要目的。某日，載私貨入基隆港時，不慎撞及港埠設施，海關因而發現依法沒入 A 船。港埠人員能否於 A 船被沒入後，繼續主張其優先權？

解析

(一)船舶撞及港埠設施，港埠人員基於海商法第二十四條第一項第四款，因船舶操作直接所致陸上財物毀損，對船舶所有人基於侵權行為之賠償請求權，可主張海事優先權。

(二)海商法第三十一條規定，海事優先權，不因船舶所有權之移轉而受影響。此係指海事優先權之追及力，僅及於船舶、船舶設備及屬具或其殘餘物，不及於運費、損害賠償及報酬。此等優先受償之標的，仍應向原船舶所有人為之。

(三)海商法第三十一條所稱之移轉，係指依法律行為而取得船舶所有權，不包括本於國家公權力作用而取得之情形。船舶一經沒入處分確定，該船舶即歸國家原始取得，船舶上之負擔，債權人之海事優先權即歸消滅。

(四)海事優先權因標的船舶被沒入而消滅時，債權人僅可本其債權，對船舶所有人之其他財產求償，不可主張海商法第三十一條之規定。

結論

(一)港埠人員根據海商法第二十四條第一項第四款之規定，可對甲主張海事優先權。

(二)船舶一經沒入處分確定，該船舶即歸國家原始取得，船舶上之負擔，債權人之海事優先權即歸消滅。債權人僅可本其債權，對船舶所有人之其他財產求償，不可主張海商法第三十一條之規定。

練習題

㈠甲將其所有之船舶出租與乙，乙以自己之名義經營海上運送業務。某日，因駕駛不慎撞及港埠設施，應賠償新臺幣 50 萬元。事後，甲收回該船舶並將之轉讓於丙，請問：

  1.乙能否主張船舶所有人責任限制?

  2.港埠人員能否對丙主張海事優先權?

參考法條

海商法第 24 條第 1 項

下列各款為海事優先權擔保之債權，有優先受償之權：一　船長、海員及其他在船上服務之人員，本於僱傭契約所生之債權。二　因船舶操作直接所致人身傷亡，對船舶所有人之賠償請求。三　救助之報酬、清除沉船費用及船舶共同海損分擔額之賠償請求。四　因船舶操作直接所致陸上或水上財物毀損滅失，對船舶所有人基於侵權行為之賠償請求。五　港埠費、運河費、其他水道費及引水費。

海商法第 31 條

海事優先權，不因船舶所有權之移轉而受影響。

　　甲以其 A 船從事貨物運送，甲積欠其船長海員六個月薪資中，A 船即發生委付原因。請問：船長海員之海事優先權是否會因被保險船舶之委付而消滅？

解析

㈠海事優先權，乃基於船舶之特定債權，就該船舶、運費及其附屬物，有優先於其他債權而受清償之權利。在一船債權，除有擔保物權存在外，各債權人對於債務人之財產，原應平等受償，但海運事業有其特殊性，基於共益、公益或平衡之理由，海商法對於特定債權，雖無擔保物權存在，亦承認其有優先受償之權，以免船舶所有人主張責任限制之結果，而無從受償。其中，船長海員之薪資債權，即屬海商法第二十四條第一項第一款所稱之「船長、海員及其他在船上服務之人員，本於僱傭契約所生之債權」。其為第一優先之海事優先權。

㈡委付，根據海商法第一百四十二條之規定，係指被保險人於發生法定委付原因時，得將保險標的物之一切權利移轉於保險人，而請求支付該保險標的物之全部保險金額之法律行為。委付制度，係海上保險所獨有之制度。因海上保險標的物，有時雖非全部損失，但卻與全部損失無異；或雖為全部滅失，卻無從取得證明；或雖能取得證明，但因手續過繁，法律為謀實際便利，視同全部損失。其使被保險人得將保險標的物之一切權利，表示委付於保險人，而取得全部金額之請求權。

㈢根據海商法第一百四十七條之規定，委付之性質為私法上之所有權移轉契約，屬於繼受取得之一種。而依據海商法第三十一條規定，海事優先權不因船舶所有權之移轉而受影響，故船舶之委付原則上不能消滅海事優先權。惟仍應視委付之原因具體認定，茲說明如下：

　1.委付係因船舶被捕獲

　　船舶被捕獲，係指船舶被敵國所拿捕或被海盜所掠奪而言。本款係就

實際全損原因所為之規定，船舶失其存在，海事優先權無所附麗，自
應消滅。

2. 委付係因船舶不能為修繕或修繕費用超過保險價額

此時委付之行為實為處分行為，與將船舶所有權移轉於保險人並無差
異，根據海商法第三十一條之規定，海事優先權並不受影響。亦即海
事優先權仍存在於船舶上，並不因此消滅。

3. 委付係船舶行蹤不明已逾二個月

船舶行蹤不明已逾二個月時，海事優先權並非當然消滅，僅不能行使
而已。若日後船舶安然歸來，仍可對之行使海事優先權。

4. 船舶被扣押已逾二個月仍未放行

本款所稱之「船舶被扣押」，係指公法上之扣押，不包括私法上之扣押。
亦即船舶被本國或外國之有權機關或治安機關依法所為之強制處分。
而處分，非指所有權之喪失，僅是對船舶之使用收益時間加以限制，
故海事優先權並不消滅。

5. 運費之委付

海商法第一百四十五條規定，運費之委付，得於船舶或貨物之委付時
為之。而依海商法第二十七條第二款海事優先權得優先受償之標的，
係指在發生優先債權之航行期內之運費。此項委付原因，僅暫時使海
事優先權無法行使，一旦船舶返還，仍可對之行使，海事優先權並不
消滅。

● 結 論

根據海商法第一百四十七條之規定，保險之委付性質為私法上之所有權移
轉契約，而依海商法第三十一條之規定，原則上船長海員之薪資債權海事
優先權，不因船舶所有權之移轉而受影響。惟仍須依委付之具體原因加以
認定，如船舶被捕獲時，船舶失其存在，海事優先權無所附麗，自應消滅。
其他之委付原因時，船舶仍然存在，海事優先權並不消滅。

練習題

㈠何謂船舶優先權（又稱海事優先權）？何謂船舶之委付？船舶優先權是否因被保險船舶之委付而消滅？試附理由以對。

㈡海上保險之委付，究為單獨行為抑或契約行為？

㈢委付與委棄有何不同？

參考法條

海商法第 24 條第 1 項

下列各款為海事優先權擔保之債權，有優先受償之權：一　船長、海員及其他在船上服務之人員，本於僱傭契約所生之債權。二　因船舶操作直接所致人身傷亡，對船舶所有人之賠償請求。三　救助之報酬、清除沉船費用及船舶共同海損分擔額之賠償請求。四　因船舶操作直接所致陸上或水上財物毀損滅失，對船舶所有人基於侵權行為之賠償請求。五　港埠費、運河費、其他水道費及引水費。

海商法第 27 條

依第二十四條之規定，得優先受償之標的如下：一　船舶、船舶設備及屬具或其殘餘物。二　在發生優先債權之航行期內之運費。三　船舶所有人因本次航行中船舶所受損害，或運費損失應得之賠償。四　船舶所有人因共同海損應得之賠償。五　船舶所有人在航行完成前，為施行救助所應得之報酬。

海商法第 31 條

海事優先權，不因船舶所有權之移轉而受影響。

海商法第 142 條

海上保險之委付，指被保險人於發生第一百四十三條至第一百四十五條委付原因後，移轉保險標的物之一切權利於保險人，而請求支付該保險標的物全部保險金額之行為。

海商法第 145 條

運費之委付，得於船舶或貨物之委付時為之。

海商法第 147 條

I　委付經承諾或經判決為有效後，自發生委付原因之日起，保險標的物即視為保險人所有。

II 委付未經承諾前，被保險人對於保險標的物之一切權利不受影響。保險人或被保險人對於保險標的物採取救助、保護或回復之各項措施，不視為已承諾或拋棄委付。

　　甲以其 A 船從事海上貨物運送，甲鑑於海上活動之高危險性，乃向乙保險公司投保船舶保險。某日，船舶發生海難沉沒，乙保險公司乃給付甲 1000 萬保險金。而甲因 A 船發生海難，無法支付船長海員薪資，致船長丙及海員丁、戊紛紛離職。請問：丙丁戊在離職二年後，是否仍可對甲主張海事優先權？若無法主張，其薪資債權之效力如何？又丙丁戊在離職半年內，可否對乙給付甲之 1000 萬保險金主張海事優先權？

解析

㈠依據海商法第三十二條規定：「第二十四條第一項海事優先權自其債權發生之日起，經一年而消滅。但第二十四條第一項第一款之賠償，自離職之日起算。」此「一年」期間之性質為何？雖立法院修訂海商法之立法說明明示為消滅時效，亦即「為統一第二十四條第一項各款債權之請求權消滅時效，特明定一年之短期消滅時效，統一消滅時效期間，以資合理。」然國內通說，皆認為「一年」期間之性質為除斥期間。對此個人之見解亦同。其理由如下：

　1.從海商法第二十四條第一項規定之文義，已將海事優先權定位為法定擔保物權，同是擔保物權之抵押權，民法第八百八十條規定為五年之除斥期間，海商法第三十二條亦應為相同之解釋。

　2.海事優先權為法定之擔保物權，不具公示性，宜採除斥期間加以限制。

㈡對於薪資債權之海事優先權，其除斥期間為一年。起算點為離職日。海事優先權若已逾除斥期間，則海事優先權消滅。亦即該薪資債權喪失優先受償之權利，而成為無擔保物權之普通債權。

㈢海事優先權之時效完成後，其所擔保之債權即喪失優先受償之權利，而成為無擔保之普通債權，其時效仍依民法一般時效之規定，不因海事優先權時效完成而受影響。換言之，海商法第三十二條係規定海事優先權之時效，為擔保物權之時效規定，與其所擔保之債權時效無關。雖海事

優先權消滅，但該債權仍存在，債權人仍得就債務人之財產為執行，僅喪失就海產優先受償之權利而已。該債權之時效仍適用民法一般時效之規定，不因海事優先權時效完成而受影響。

㈣海事優先權得優先受償之標的中，海商法第二十七條第三款之賠償，是否包括保險金？實務上認為不包括保險金，學說有肯定說及否定說兩種。肯定說認為海商法第二十七條第三款無如海商法第二十一條第三項但書「保險金不包括在內」之除外規定，故第二十七條第三款之賠償，應包括保險金在內。此外，保險金本質上亦為船舶之代位物，故應包括在內。否定說者則認為海商法第二十七條第三款之賠償，係指因侵權行為依法應得之賠償，而保險金係指保險人基於保險契約，對被保險人所為之給付，本質上為契約而為之履行行為。又船舶所有人係為自己之計算而訂立保險契約，若保險金為優先權之標的，則船舶所有人將受雙重損失。再就 1926 年統一優先權及抵押權公約第四條第三項亦明文不包括保險金。此外，第二十一條第三項但書係採概括規定，為免範圍過大，明文將保險金除外；而第二十七條第三款係採列舉規定，未明文包括保險金，乃有意省略。對此個人以為宜採否定說，其理由如下：

1. 海商法第二十七條第三款之賠償，係指因侵權行為應得之賠償，而保險金係保險人基於保險契約，對被保險人所為之給付，本質上係屬依契約而為之履行行為。

2. 若認為包括保險金，海事優先權人既可就船舶執行後，復可就船舶所有人以陸產支付保險費所得之對價執行，船舶所有人將蒙受雙重損害而不願保險，致妨礙一國航業之發展。

結論

㈠根據海商法第二十四條第一項第一款之規定，薪資債權為第一優先之海事優先權。海事優先權之除斥期間，海商法第三十二條規定為一年，在薪資債權之起算點則從離職之日起算。丙丁戊離職二年後，其海事優先權已消滅，該薪資債權喪失優先受償之權利，而成為無擔保物權之普通

債權。其時效仍依民法一般時效之規定，不因海事優先權時效完成而受影響。

㈡丙丁戊在離職半年內，雖其海事優先權仍未逾除斥期間，但因海商法第二十七條第三款之賠償，不包括保險金，故丙丁戊仍不可對乙給付甲之1000萬保險金主張海事優先權。

練習題

㈠何謂海事優先權？海事優先權之時效如何？如海事優先權之時效已完成，其債權效力如何？

㈡海商法第三十二條所指「海事優先權自債權發生之日起，經一年而消滅」，此一年之期間，為時效期間或除斥期間？

參考法條

海商法第 24 條第 1 項

下列各款為海事優先權擔保之債權，有優先受償之權：一　船長、海員及其他在船上服務之人員，本於僱傭契約所生之債權。二　因船舶操作直接所致人身傷亡，對船舶所有人之賠償請求。三　救助之報酬、清除沉船費用及船舶共同海損分擔額之賠償請求。四　因船舶操作直接所致陸上或水上財物毀損滅失，對船舶所有人基於侵權行為之賠償請求。五　港埠費、運河費、其他水道費及引水費。

海商法第 27 條

依第二十四條之規定，得優先受償之標的如下：一　船舶、船舶設備及屬具或其殘餘物。二　在發生優先債權之航行期內之運費。三　船舶所有人因本次航行中船舶所受損害，或運費損失應得之賠償。四　船舶所有人因共同海損應得之賠償。五　船舶所有人在航行完成前，為施行救助所應得之報酬。

海商法第 32 條

第二十四條第一項海事優先權自其債權發生之日起，經一年而消滅。但第二十四條第一項第一款之賠償，自離職之日起算。

1926 年統一優先權及抵押權公約第 4 條第 3 項

船舶所有人因保險契約所得或應得之賠償金，以及獎金、津貼、或其他國家補助金，均不得視為船舶及運費之從屬利益。

> 甲有 A 船，因共同海損分擔額確定為新臺幣 200 萬元，應交付乙。乙可否對甲已向丙丁等託運人收取之運費，主張優先受償？

解 析

㈠海事優先權之標的，限於與船舶有密切之關係，亦即以「海產」為限，而不及於船舶所有人陸上財產。此外，海商法上之「海產」，不限於船舶、船舶設備及屬具或其殘餘物，與船舶有密切關係之運費、損害賠償及報酬，亦包括在內。

㈡海事優先權之標的，依據海商法第二十七條之規定，包括如下：

1. 船舶、船舶設備及屬具或其殘餘物：「船舶」係指優先權所由發生之船舶，且須符合海商法第一條之船舶，若係碰撞，則包括海商法第三條之船舶。「船舶設備及屬具」，依海商法第七條加以認定。「殘餘物」，指船舶、船舶設備及屬具因海難受損所殘餘之物。

2. 在發生優先債權之航行期內之運費：通說認為此處之運費為毛運費(總運費)，因法條未明文其為淨運費。

3. 船舶所有人因本次航行中船舶所受損害，或運費損失應得之賠償：本款具有民法第八百八十一條物上代位之性質，惟不包括國家之津賠及補助在內，蓋其為國家獎助航運之政策。

4. 船舶所有人因共同海損應得之賠償：船舶所有人所得請求之分擔額，在其未收取之前，亦為海產之一部份，得為優先權之標的。

5. 船舶所有人在航行完成前，為施行救助所應得之報酬。

㈢已收取之運費，可否作為海事優先權之標的：

根據海商法第二十七條之規定，海事優先權之標的，包括在發生優先債權之航行期內之運費。已收取之運費，可否作為海事優先權之標的？學說有三：

1. 肯定說

　　其認為已收取之運費仍可為優先權之對象。因已收取者屬船舶所有人之現有財產，若已挪用，尚須扣回。

2. 否定說

　　其認為已收取者為陸產，而優先權之對象為海產，不能對陸產主張。

3. 折衷說

　　其認為須區別已收取之運費是否已交船舶所有人。若尚未交船舶所有人，因程序上仍可執行，且法理上可視為海產，故仍可對之主張優先權。若已交由船舶所有人，則已喪失海產性，不能對之主張。

㈣管見以為海事優先權之標的，係限於與船舶有密切關係，亦即以海產為限，而不及於船舶所有人之陸上財產。已收取之運費，屬於船舶所有人之陸上財產，不可作為海事優先權之標的。

㈤依據海商法第二十四條第一項之規定，海事優先權之項目有五，其中，共同海損分擔之債權，亦為海事優先權項目之一。船舶優先權人行使其優先權時，必須表明對海商法第二十七條特定物行使優先受償之權利。否則僅係就原債權而為主張，不得謂已行使優先權。

結論

㈠海商法第二十七條規定之海事優先權之標的，限於與船舶有密切關係，亦即以海產為限，而不及於船舶所有人之陸上財產。

㈡已收取之運費，屬於船舶所有人之陸上財產，不可作為海事優先權之標的。

練習題

㈠甲航運公司所屬客輪，被乙航運公司所屬油輪撞毀。起訴後經法院判決乙公司應賠償新臺幣一千萬元確定。惟甲公司於訴訟中並未表明對肇事油輪行使優先權。嗣後以上開確定判決為執行名義，聲請強制執行查封拍賣該油輪時，始主張就賣得價金有海商法第二十四條第一項第四款之

優先權。法院准其所請，將之列為第一優先順位，定期分配，其他債權人以其優先權已因除斥期間經過而消滅，依法提起分配表異議之訴。其訴有無理由？

㈡甲以其所有之船舶一艘出租給乙，乙僱用丙為船長，丙因駕駛不慎，撞及港埠設施，應賠償損害六十萬，事故後三個月，乙因他故破產，甲收回並拍賣該船舶，問港埠管理人員得否就該賣得價金優先受償？

參考法條

海商法第 7 條

除給養品外，凡於航行上或營業上必需之一切設備及屬具，皆視為船舶之一部。

海商法第 27 條

依第二十四條之規定，得優先受償之標的如下：一　船舶、船舶設備及屬具或其殘餘物。二　在發生優先債權之航行期內之運費。三　船舶所有人因本次航行中船舶所受損害，或運費損失應得之賠償。四　船舶所有人因共同海損應得之賠償。五　船舶所有人在航行完成前，為施行救助所應得之報酬。

保險人對委付船舶所有人可否請求返還不當得利?

> A 船舶依海商法第一百四十二條發生委付原因而委付於保險人後,若被碰撞之 B 船對已委付給保險人之 A 船行使優先權後,保險人可否向 A 船所有人請求返還不當得利?

解 析

㈠保險人可否對委付船舶所有人請求返還不當得利? 對此學說有三:

1. 折衷說

   其認為船舶所有人取得保險金係有法律上之原因,並非不當得利;其可行使不當得利者,乃因優先權人行使優先權致使其債權因滿足而消滅,亦即原船舶所有權人之債務消滅,此係無法律上之原因而受利益,保險人可對之主張不當得利。

2. 肯定說

   其認為可對原船舶所有人因委付而取得之保險金,主張不當得利返還請求權。

3. 否定說

   其認為保險人不可對船舶所有人主張不當得利返還請求權。因船舶所有人取得保險金係有法律上原因;又保險人依海商法第一百四十七條承諾委付或經判決有效時,即對船舶之權利義務概括繼受承擔,故優先權之行使致使委付標的物價值減少,原係在保險人所應承擔之範圍,故保險人不得對船舶所有人主張不當得利。

㈡對此管見以為否定說為可採。因船舶所有人取得保險金係基於委付契約,並非無法律上之原因而受利益;又保險人依海商法第一百四十七條承諾委付或經判決有效時,即對船舶權利義務之概括承受,故保險人應承擔因優先權之行使致委付標的物價值減少之危險,故保險人不得對船舶所有人主張不當得利。

結論

㈠船舶所有人取得保險金係基於委付契約,並非無法律上之原因而受利益。

㈡保險人依海商法第一百四十七條承諾委付或經判決有效時, 即對船舶權利義務之概括承受, 故保險人應承擔因優先權之行使致委付標的物價值減少之危險, 故保險人不得對船舶所有人主張不當得利。

練習題

㈠海上保險之委付, 究為單獨行為, 抑或契約行為? 委付之效力為何?

參考法條

海商法第 142 條

海上保險之委付,指被保險人於發生第一百四十三條至第一百四十五條委付原因後,移轉保險標的物之一切權利於保險人,而請求支付該保險標的物全部保險金額之行為。

海商法第 147 條

I 委付經承諾或經判決為有效後,自發生委付原因之日起,保險標的物即視為保險人所有。

II 委付未經承諾前,被保險人對於保險標的物之一切權利不受影響。保險人或被保險人對於保險標的物採取救助、保護或回復之各項措施,不視為已承諾或拋棄委付。

　　　　甲以其 A、B 兩船從事海上貨物運送。甲因經營不善，欲利用其船舶向銀行借款，甲乃委由乙以其 A 船設定抵押，分別先後向丙及丁銀行借款，雙方並辦理抵押權書面設定契約及登記。事後，甲又以資金不足，再以其 B 船設定抵押，分別先後向戊及己銀行借款，雙方僅辦理抵押權書面設定契約，未辦理抵押權登記。甲因財物一直未獲改善，積欠船長海員薪資已達半年。請問：

　　一、甲究應利用何種擔保方式，以取得借款？
　　二、乙是否有權向丙丁借款並設定船舶抵押？
　　三、丙丁之債權受償順序，孰先孰後？
　　四、戊己之債權受償順序，孰先孰後？
　　五、船長海員之薪資債權與銀行丙丁戊己之債權受償順序，孰先孰後？

解析

㈠船舶本質係動產，如欲以船舶為擔保而為資金之融通，依民法第八百八十四條之規定，僅能設定質權。船舶設定質權，須移轉船舶之占有於債權人，造成船舶所有人無法為船舶之使用收益及增加債權人保管船舶之費用，對於雙方均屬不利。海事先進國家有鑑於此，乃仿不動產抵押之例，創造船舶抵押權制度，使債權人藉登記制度以代船舶之占有，而船舶所有人亦能繼續利用船舶，達到資金融通之目的。我國海商法亦於第三十三條至第三十七條規定船舶抵押權制度，此即海商法第六條所稱之「本法有特別規定」。

㈡根據海商法第三十五條之規定，船舶抵押權之設定人，有船舶所有人、受船舶所有人特別委任之人及法律特別規定之人（如海商法第十九條、民法第一千一百零一條及第一千零八十八條）三種。受船舶所有人特別委任之人，其委任之方式為何？海商法並無明文，惟依海商法第五條適

用民法第五百三十一條規定之結果，而海商法第三十三條就船舶抵押權之設定應以書面為之，故須經書面特別授權。

㈢船舶抵押權之設定方式，海商法第三十三條規定應以書面為之。登記依海商法第三十六條規定，僅為對抗要件。船舶抵押權競合時，若競合之船舶抵押權均已辦理登記時，依海商法第三十六條之規定，依登記先後主張。

㈣競合之船舶抵押權均未辦理登記時，依海商法第三十六條之規定，彼此均不得對抗，故不可依設立先後（即海商法第三十三條之書面完成時）受償，而應依比例受償，以督促船舶抵押權人早日辦理船舶抵押權之登記。

㈤根據海商法第二十四條第二項規定，海事優先權之位次在船舶抵押權之前。其理由如下：

 1.海事優先權所擔保之債權，係因法律規定當然發生；船舶抵押權則為當事人任意設定。若船舶抵押權得優先於海事優先權，則不能達海事優先權所創造之目的。

 2.船舶抵押權供抵押之船舶，每因海事優先權之發生而獲得保存，故海事優先權應優先於船舶抵押權。

結論

㈠甲應利用船舶抵押權向銀行借款，以取得融資。除債權人銀行之債權可獲得擔保物權之保障外，甲更可繼續利用其 A、B 兩船。

㈡甲欲委任乙設定船舶抵押權，其委任之方式如何？海商法並無明文。依據海商法第五條適用民法第五百三十一條之規定,因船舶抵押權之設定,應以書面為之（海商法第三十三條），故須以書面之委任方式。亦即乙若有甲之書面委任設定 A 船之抵押權，乙即有權為之。

㈢丙丁銀行之船舶抵押權競合時，由於兩者均辦理船舶抵押權登記，根據海商法第三十六條之規定，應依登記之先後主張。

㈣戊己銀行之船舶抵押權競合時，由於兩者均未辦理船舶抵押權登記，根

據海商法第三十六條之規定，彼此均不可對抗，應依比例受償。

㈤根據海商法第二十四條第二項之規定，船長海員之薪資債權，其海事優先權之位次，在銀行丙丁戊己之船舶抵押權之前。

練習題

㈠何謂船舶抵押權？此種抵押權是否以登記為要件？其效力如何？試說明之。

㈡甲以 A 漁船向乙銀行抵押借款，其後 A 漁船因載運私貨，被行政機關依法沒入。請問乙銀行對 A 漁船之船舶抵押權是否消滅？

㈢請比較船舶抵押權、動產抵押權、不動產抵押權之條件效果如何？船舶所有人依民法規定移轉占有而設定質權，在海商法上之效力如何？

㈣建造中之船舶所有權誰屬？其得否為抵押權之標的物？又海商法對其強制執行有何規定？

參考法條

海商法第 5 條

海商事件，依本法之規定，本法無規定者，適用其他法律之規定。

海商法第 6 條

船舶除本法有特別規定外，適用民法關於動產之規定。

海商法第 24 條

I 下列各款為海事優先權擔保之債權，有優先受償之權：一 船長、海員及其他在船上服務之人員，本於僱傭契約所生之債權。二 因船舶操作直接所致人身傷亡，對船舶所有人之賠償請求。三 救助之報酬、清除沉船費用及船舶共同海損分擔額之賠償請求。四 因船舶操作直接所致陸上或水上財物毀損滅失，對船舶所有人基於侵權行為之賠償請求。五 港埠費、運河費、其他水道費及引水費。

II 前項海事優先權之位次，在船舶抵押權之前。

海商法第 33 條

船舶抵押權之設定，應以書面為之。

海商法第 35 條

船舶抵押權之設定，除法律別有規定外，僅船舶所有人或受其特別委任之人始得為之。

海商法第 36 條

船舶抵押權之設定，非經登記，不得對抗第三人。

民法第 531 條

為委任事務之處理，須為法律行為，而該法律行為，依法應以文字為之者，其處理權之授與，亦應以文字為之。其授與代理權者，代理權之授與亦同。

甲有 A 船，經營海上運送事業。惟甲因週轉不靈，乃以 A 船為擔保品向乙銀行設定抵押，借得新臺幣 1000 萬元。甲就 A 船設定抵押後，船長又因在船籍港內，由丙造船廠修繕，修理費用 500 萬，丙造船廠並將 A 船留置並依法拍賣。請問：

一、甲如何以 A 船設定抵押權予乙銀行？

二、船舶留置權如何發生？

三、船舶抵押權與船舶留置權發生競合時，應如何決定其位次？

解析

㈠抵押權，除動產擔保交易法所規定之動產抵押外，依據民法第八百六十條規定，抵押權係對於債務人或第三人不移轉占有而供擔保之不動產，得就其賣得價金受清償之權。船舶本質係動產，惟為給予船舶所有人繼續利用船舶之便利，且使抵押權人能減少保管船舶之費用，海商法特賦與船舶之不動產性，創造船舶抵押權制度。

㈡一般抵押權之設定，須符合民法第七百六十條：「不動產物權之移轉或設定，應以書面為之」及第七百五十八條：「不動產物權，依法律行為而取得、設定、喪失及變更者，非經登記，不生效力。」船舶抵押權之設定，依據海商法第三十三條之規定：「船舶抵押權之設定，應以書面為之。」及第三十六條規定：「船舶抵押權之設定，非經登記，不得對抗第三人。」亦即船舶抵押權設定之成立要件，在於書面而已，登記僅為對抗要件，若未經登記，船舶抵押權之設定仍然有效，僅不得對抗第三人而已。

㈢船舶留置權之發生，根據民法第九百二十八條之規定：「債務人占有屬於其債務人之動產，而具有左列各款之要件者，於未受清償前，得留置之：一　債權已至清償期。二　債權之發生，與該動產有牽連之關係者。三　其動產非因侵權行為而占有者。」船舶修繕，發生債務，不管修繕地點在船籍港內或船籍港外，修繕廠均不得主張海商法第二十四條第一項之

海事優先權，僅能依據海商法第六條之規定，適用民法第九百二十八條主張留置權。

㈣留置權之實行，依據民法第九百三十六條第一項之規定，債權人於其債權已屆清償期而未受清償時，得定六個月以上之相當期限，通知債務人，聲明如不於期限內為清償時，即就其留置物取償。「即就其留置物取償」，依據同條第二項之規定，係指拍賣留置物或取得其所有權。因第二項規定，債務人不於前項期限內為清償者，債權人得依關於實行質權之規定，拍賣留置物，或取得其所有權。又第三項規定，不能為第一項之通知時，於債權清償期屆滿後，經過二年仍未受清償時，債權人亦得行使前項所訂之權利。船舶本質上為動產，故得為留置權之標的。又因船舶具有不動產性，海商法上訂有船舶抵押權，故亦得為抵押權之標的，因此會發生船舶抵押權與留置權競合之問題。

㈤船舶抵押權與留置權競合時，如何決定其位次，根據海商法第二十五條規定，建造或修繕船舶所生債權，其債權人留置船舶之留置權位次，在船舶抵押權之前。因就船舶留置權制度之內容觀察，留置權之發生，乃以占有船舶為要件之一，留置權人在期限屆滿後，可自行拍賣船舶或取得船舶所有權，相對於抵押權人不占有船舶，留置權人自有一定之優勢。

結論

㈠甲以 A 船設定抵押權給乙銀行，依據海商法第三十三條之規定，甲乙雙方就抵押權之設定契約，應以書面為之。此外，根據第三十六條規定：「船舶抵押權之設定，非經登記，不得對抗第三人。」亦即船舶抵押權設定之成立要件，在於書面而已，登記僅為對抗要件，若未經登記，船舶抵押權之設定仍然有效，僅不得對抗第三人而已。

㈡船舶本質上為動產，船舶留置權如何發生？海商法並未明文，依據海商法第六條之規定，適用民法關於動產之規定。丙造船廠依據甲之請求占有 A 船並修繕之，符合民法第九百二十八條關於留置權發生之要件，丙就 A 船具有留置權。

㈢船舶抵押權與船舶留置權發生競合時，根據海商法第二十五條規定，建造或修繕船舶所生債權，其債權人留置船舶之留置權位次，在船舶抵押權之前。

練習題

㈠船舶抵押權與船舶留置權，何以會有競合之問題？

㈡船舶抵押權與船舶質權，孰優孰劣？請說明理由。

㈢何謂建造中之船舶？得否以建造中之船舶及總噸位未滿二十噸之動力船舶設定抵押權？

㈣海商法第六條規定：「船舶除本法有特別規定外，適用民法關於動產之規定。」海商法僅有關於船舶抵押權之規定,而無排除其他擔保物權之明文。茲若就船舶設定質權或依法行使留置權時，其法律效果若何？試將抵押權、質權、留置權三者，比較說明之。

參考法條

海商法第24條

I 下列各款為海事優先權擔保之債權，有優先受償之權：一　船長、海員及其他在船上服務之人員，本於僱傭契約所生之債權。二　因船舶操作直接所致人身傷亡，對船舶所有人之賠償請求。三　救助之報酬、清除沉船費用及船舶共同海損分擔額之賠償請求。四　因船舶操作直接所致陸上或水上財物毀損滅失，對船舶所有人基於侵權行為之賠償請求。五　港埠費、運河費、其他水道費及引水費。

II 前項海事優先權之位次，在船舶抵押權之前。

海商法第25條

建造或修繕船舶所生債權，其債權人留置船舶之留置權位次，在海事優先權之後，船舶抵押權之前。

海商法第33條

船舶抵押權之設定，應以書面為之。

海商法第36條

船舶抵押權之設定，非經登記，不得對抗第三人。

民法第 928 條

債權人占有屬於其債務人之動產，而具有左列各款之要件者，於未受清償前，得留置之：一　債權已至清償期者。二　債權之發生，與該動產有牽連之關係者。三　其動產非因侵權行為而占有者。

甲就 A 船與乙出口商成立運送契約，雙方約定甲以 A 船之第一艙全部艙位，裝載乙所託運之電腦 500 臺，交付美國之進口商丙。甲成立運送契約後，因財物困難，乃將 A 船出售於丁。丁取得 A 船後，即將 A 船出租於戊並轉讓 A 船於己。請問：

一、甲乙間之契約型態為何？

二、丁何時取得 A 船之所有權？

三、如何認定丁戊之船舶租賃契約有效成立？

四、丁是否有權轉讓 A 船於己？

五、乙可否對己主張以 A 船完成運送？

六、戊可否對己主張交付 A 船，供其使用？

解析

㈠根據海商法第三十八條第二款之規定，備船契約（亦稱狹義備船契約、包船契約），係指以船舶之全部或一部供運送為目的之海上運送契約。再依據海商法第三十九條及第四十條之規定，其為要式契約。由於其重視運載空間之提供，故不可代船或轉船。備船人不占有船舶，僅負擔運費，不包括航行費用，對於海員無任何關係。備船契約依其空間之不同，可分為全部備船契約與一部備船契約。

㈡船舶所有權之轉讓，根據海商法第八條之規定，當事人間就船舶之讓與，成立書面讓與合意並在有關機關取得蓋印證明後，船舶所有權即生讓與效力。

㈢船舶租賃契約，又稱光船租賃契約。根據海商法第六條適用民法第四百二十五條之規定，船舶租賃契約，係指船舶所有人約定以船舶之占有及管理移交於承租人，供其於一定期間或不定期間為特定目的之支配及利用，而由承租人支付租金之契約，為租賃之一種。因船舶租賃契約係以船舶之使用收益為目的，因此承租人須占有船舶，除支付租金並應負擔

航行費用，船長及海員亦由承租人僱傭。

㈣船舶所有人將船舶出租後，仍保有船舶所有權，依據民法第七百六十五條之規定，所有人於法令限制之範圍內，得自由使用、收益、處分其所有物並排除他人之干涉。

㈤船舶所有人成立備船契約後，將船舶轉讓他人後，備船人可否對受讓人主張其繼續完成運送？海商法第四十一條規定：「以船舶之全部或一部供運送之契約，不因船舶所有權之移轉而受影響。」此條規定之意義，有下列兩種見解：

　1.買賣不破租賃說

　　此說認為海商法第四十一條與民法第四百二十五條之規定，應為相同之解釋，備船契約應有買賣不破租賃之適用，以保護運送契約之託運人。亦即備船契約重視船舶之特性，故將船舶讓與第三人時，該受讓人應成為運送契約之當事人，享有運送契約之權利與義務。否則備船之龐大貨物，短期內無法尋找船舶加以運送。

　2.注意規定說

　　此說從法規規定之文義、契約之目的及一般法理，認為海商法第四十一條為運送契約不因船舶所有權移轉而受影響之注意規定。因海商法第四十一條之規定，不同於民法第四百二十五條，運送契約對於受讓人不繼續存在；且運送契約重標的運送之完成，不重視由何人完成；況且，本條僅在規範託運人與運送人間之法律關係，並未針對受讓人。對此個人以為基於債之相對性，契約原則僅在當事人間生效，海商法第四十一條僅再度重申此原則而已，故海商法第四十一條僅為注意規定。然基於海上運送之國際性，且其規模龐大，實應保護託運人，例外規定債之效力可及於第三人，使其可對船舶受讓人主張繼續完成運送，以促進一國航運之發展。亦即未來海商法第四十一條之修法，似可仿照民法第四百二十五條之規定，使備船契約之備船人，可對船舶之受讓人主張備船契約對其繼續存在。

㈥船舶租賃契約之成立生效要件為何？對此海商法並無明文。根據海商法

第六條之規定，係適用民法關於動產之規定。而民法關於動產之租賃，並無特別明文須依一定之方式，故依民法第四百二十一條之規定，雙方僅須口頭約定，船舶租賃契約即有效成立。至於船舶登記法第三條之規定，船舶租賃權應辦理登記，若未登記，依船舶登記法第四條之規定，不得對抗第三人。

結 論

㈠甲乙間之契約型態，為一部傭船契約。因甲乙雙方約定以甲之 A 船之第一艙全部艙位，供託運人乙使用，根據海商法第三十八條第二款之規定，其為一部傭船契約。

㈡根據海商法第八條之規定，當甲丁就 A 船成立船舶讓與之書面合意，並向有關機關取得蓋印證明後，丁即取得 A 船之所有權。至於有無辦理所有權移轉登記，根據海商法第九條之規定，僅為對抗要件。

㈢丁戊之 A 船租賃契約，依據海商法第六條適用民法第四百二十一條之規定，只須丁戊雙方當事人約定，一方將船舶交付他方使用收益，他方支付租金，即為成立。

㈣丁將 A 船出租後，仍為 A 船之所有人，基於民法第七百六十五條之規定，其仍具有所有權之權能，故丁仍可將 A 船轉讓於己。

㈤傭船契約之當事人為甲乙，己非傭船契約之當事人。基於契約之相對性，乙不可對 A 船之受讓人己主張繼續完成運送。海商法第四十一條，僅是契約相對性之重申規定，己不可據此對乙有所主張。

㈥丁戊之 A 船租賃契約，依據船舶登記法第三條之規定，應辦理登記。未辦理登記，根據船舶登記法第四條之規定，不得對抗第三人。故戊不得對己主張交付 A 船，供其使用收益。

練習題

㈠試說明傭船契約與船舶租賃契約之不同。二者是否因船舶所有權之移轉而適用買賣不破租賃原則？試述之。

參考法條

海商法第 6 條

船舶除本法有特別規定外，適用民法關於動產之規定。

海商法第 8 條

船舶所有權或應有部分之讓與，非作成書面並依左列之規定，不生效力：一　在中華民國，應申請讓與地或船舶所在地航政主管機關蓋印證明。二　在外國，應申請中華民國駐外使領館、代表處或其他外交部授權機構蓋印證明。

海商法第 9 條

船舶所有權之移轉，非經登記，不得對抗第三人。

海商法第 38 條

貨物運送契約為下列二種：一　以件貨之運送為目的者。二　以船舶之全部或一部供運送為目的者。

海商法第 39 條

以船舶之全部或一部供運送為目的之運送契約，應以書面為之。

海商法第 40 條

前條運送契約應載明下列事項：一　當事人姓名或名稱，及其住所、事務所或營業所。二　船名及對船舶之說明。三　貨物之種類及數量。四　契約期限或航程事項。五　運費。

海商法第 41 條

以船舶之全部或一部供運送之契約，不因船舶所有權之移轉而受影響。

> 　　甲有 A 船從事海上運送業務。乙出口商有電腦 500 部託甲運往美國，丙出口商亦有電腦 1000 部託甲運往美國，惟甲丙雙方約定使用 A 船第一艙全部艙位。在 A 船運送途中，甲因財務困難，乃將 A 船轉讓於丁。請問：
>
> 　　一、甲乙之運送契約型態為何？
> 　　二、甲丙之運送契約型態為何？
> 　　三、乙可否對丁主張繼續完成運送？
> 　　四、丙可否對丁主張繼續完成運送？

解析

㈠件貨運送契約，又稱搭載契約。根據海商法第三十八條第一款之規定，係以貨物之件數或數量運送為目的之運送契約。件貨運送契約不重視具體之船舶，只重視貨物安全運抵目的地，故原則上運送人有代船或轉船之權利。在件貨運送下，託運人對船長無指揮監督權，對船艙裝貨情形，亦無權過問。

㈡傭船契約，又稱狹義傭船契約、包船契約。廣義之傭船契約，包括傭船契約、船舶租賃契約及定期傭船契約。茲說明其意義如下：

　1. 傭船契約

　　根據海商法第三十八條第二款之規定，傭船契約（亦稱狹義傭船契約、包船契約），係指以船舶之全部或一部供運送為目的之海上運送契約。再依據海商法第三十九條及第四十條之規定，其為要式契約。由於其重視運載空間之提供，故不可代船或轉船。傭船人不占有船舶，僅負擔運費，不包括航行費用，對於海員無任何關係。傭船契約依其空間之不同，可分為全部傭船契約與一部傭船契約。

　2. 船舶租賃契約

　　船舶租賃契約，又稱光船租賃契約。根據海商法第六條適用民法第四

百二十五條之規定，船舶租賃契約，係指船舶所有人約定以船舶之占有及管理移交於承租人，供其於一定期間或不定期間為特定目的之支配及利用，而由承租人支付租金之契約，為租賃之一種。因船舶租賃契約係以船舶之使用收益為目的，因此承租人須占有船舶，除支付租金並應負擔航行費用，船長及海員亦由承租人僱傭。

3.定期備船契約

定期備船契約係指船舶所有人在一定之期間，將船舶全部及其所僱傭之船長、海員一併包租予定期備船人，船長海員須聽從定期備船人之指示，以執行其職務之契約。該備船人可運送自己貨物，亦可從事海上企業，經營運送業務。定期備船人若運送他人之貨物，其與第三人間，則立於船舶所有人之地位，可主張船舶所有人責任限制，而債權人亦可對之主張海事優先權。定期備船人係就船舶全部為使用收益，除支付備船費外，尚須負擔一定之航海費用，但船長海員之薪資及修繕費用則由船舶所有人負責。定期備船契約之型態，海商法並無明文，完全委由當事人自由訂定。

㈢件貨運送契約之訂立，海商法並無明文。依據海商法第五條適用民法第一百五十三條第一項，只須運送人與託運人雙方意思表示合致，運送契約即為成立，屬於不要式契約。件貨運送契約，係以貨物之件數或數量運送為目的，運送人以何船舶完成運送，非託運人所能要求，故原則上運送人有代船或轉船之權利。運送人於運送途中，將船舶轉讓他人，而改由其他船舶完成運送，託運人無權過問。又託運人與船舶之受讓人，因未締結運送契約，託運人對於船舶之受讓人不可為任何主張。

㈣備船契約之訂立，為求慎重，海商法第三十九特別規定其應以書面為之；依第四十條並須記載法定事項。其屬於要式契約。船舶所有人成立備船契約後，將船舶轉讓他人後，備船人可否對受讓人主張其繼續完成運送？海商法第四十一條規定：「以船舶之全部或一部供運送之契約，不因船舶所有權之移轉而受影響。」其僅為契約效力相對性之重申規定,託運人(備船人)與船舶受讓人並未締結運送契約，備船人不可對船舶受讓人主張

繼續完成運送。

結論

㈠甲乙雙方約定運送電腦 500 部,根據海商法第三十八條第一款之規定,係以貨物之件數或數量運送為目的之件貨運送契約。

㈡甲丙雙方約定運送電腦 1000 部,約定使用 A 船第一艙全部艙位。根據海商法第三十八條第二款之規定,其為一部傭船契約。

㈢甲乙訂立件貨運送契約後,甲將 A 船轉讓丁後,甲可以其他船舶繼續完成運送,乙無權過問。又乙丁未訂立任何運送契約,乙不可對受讓人丁主張繼續完成運送。

㈣甲丙訂立傭船契約後,甲將 A 船轉讓丁後,根據海商法第四十一條之規定,傭船契約不因船舶所有權之移轉而受影響。亦即傭船契約之當事人為甲丙,甲負繼續完成運送之義務。丙丁並未訂立任何運送契約,丙不可對受讓人丁主張繼續完成運送。

練習題

㈠何謂定期傭船契約?何謂傭船契約?定期傭船契約與船舶租賃契約有何不同?

㈡何謂件貨運送契約?何謂傭船契約?兩者是否因船舶所有權之移轉而受影響?

㈢甲將其所有之 A 船,依海商法第八條規定之方式讓與乙時,A 船正於海上航行載送丙之貨物。乙以「自己為 A 船所有權人」為由,請求丙將貨物卸載,丙則依海商法第四十一條「以船舶之全部或一部供運送之契約,不因船舶所有權之移轉而受影響」之規定,請求乙讓 A 船繼續將貨物運送至目的港。請問:乙丙雙方之主張,孰為有理?

㈣甲出口商與乙海運公司訂立傭船契約,將貨物一批,託乙公司以所屬 A 輪運往 B 國。乙公司於運送途中將 A 輪所有權移轉於丙公司,因而發生下列問題,試分別作答:

1. 甲可否依買賣不破租賃法則，向丙公司請求履行運送契約，完成運送？

2. 甲可對乙公司主張如何之權利？

3. 甲與乙公司所訂立契約如為件貨運送契約，前二問題之答案有無不同？

參考法條

海商法第38條

貨物運送契約為下列二種：一　以件貨之運送為目的者。二　以船舶之全部或一部供運送為目的者。

海商法第39條

以船舶之全部或一部供運送為目的之運送契約，應以書面為之。

海商法第40條

前條運送契約應載明下列事項：一　當事人姓名或名稱，及其住所、事務所或營業所。二　船名及對船舶之說明。三　貨物之種類及數量。四　契約期限或航程事項。五　運費。

海商法第41條

以船舶之全部或一部供運送之契約，不因船舶所有權之移轉而受影響。

甲公司以其 A 船之第一艙位與出口商乙成立運送契約，約定將乙所託運之電腦 500 部運往美國。A 船發航前，因美國之進口商臨時取消訂單，乙遂解除與甲之運送契約。又若甲公司以其 A 船之第一至第三艙位與出口商丙成立運送契約，約定將丙所託運之電腦 500 部運往美國，但在發航前，丙僅裝載二個艙位，甲乃改裝丁之貨物。請問：乙丙是否須支付運費？乙丙可否主張扣減？

解析

㈠根據海商法第三十八條第二款之規定，傭船契約係指以船舶之全部或一部供運送為目的之海上運送契約。傭船契約之傭船人，僅負擔運費，不包括航行費用。

㈡傭船契約之運費，本由傭船人（託運人）負擔，但在契約解除或貨物缺裝時，傭船人是否須負擔運費，以及是否可主張扣減？茲說明如下：

1. 全部傭船契約託運人在發航前解除運送契約時

   根據海商法第四十三條第一項之規定，以船舶之全部供運送時，託運人於發航前，得不附任何理由，而為契約之解除。但依同項之規定，應支付運費之三分之一，以作為法定解約金。又因法定之解約金非運費之全部，故託運人不得依海商法第四十九條之規定，主張扣減。

2. 一部傭船契約託運人在發航前解除運送契約時

   根據海商法第四十四條第一項之規定，以船舶之一部供運送時，託運人於發航前，非支付其運費之全部，不得解除契約。亦即託運人須支付全部運費作為法定解約金。因在一部傭船契約，託運人在發航前解除運送契約，運送人不易於短期內再與他人締結運送契約，故託運人解約時須支付全部運費。又因託運人解除契約，因須支付全部運費，依海商法第四十九條之規定，得主張扣減。以鼓勵運送人積極再與他人成立運送契約，並減少一部傭船契約託運人在發航前解除運送契約

所受之損失。

3. 備船契約貨物缺裝時

　　根據海商法第四十八條之規定，在備船契約時，託運人所裝載貨物不及約定之數量時，仍應負擔全部之運費。但應扣除船舶因此減省之費用，及另裝貨物取得運費之四分之三。因在備船契約，託運人所裝載之貨物，不及約定之數量時，運送人大抵無法於短期間內，再將剩餘艙位與他人成立運送契約，故託運人解約時須負擔全部運費。然為公平起見，應扣除因貨物少裝時所節省裝載搬運之全部費用。若運送人將剩餘艙位再與他人成立運送契約，亦應扣除另裝貨物所取得運費之四分之三，以鼓勵運送人積極再造締約、爭取運費，同時減輕託運人因貨物缺裝之損失。

㈢備船契約貨物缺裝時，託運人雖應負擔全部之運費，但依海商法第四十八條但書規定「應扣除船舶因此所減省費用之全部，及因另裝貨物所取得運費四分之三」。此之但書，可否特約排除？學說有肯定說及否定說，茲說明如下：

1. 肯定說

　　主張肯定說學者認為海商法第四十八條但書規定係屬訓示規定，而非效力規定，違反並非無效。此外，基於私法自治原則，當事人之約定，應予以尊重。

2. 否定說

　　主張否定說學者認為海商法第四十八條但書規定為強制規定，當事人之約定違反強制規定，依民法第七十一條之規定，應屬無效。此外，海商法第四十八條但書，係基於衡平法則所為之規定，如容認當事人得特約排除，實有違衡平法則。

對此，個人以為從海商法第四十八條但書規定之條文結構而言，其為強制規定。當事人特約違反強制規定之效力如何？海商法並無明文。根據海商法第五條適用民法第七十一條之規定，其特約無效。此外，為維持海商法第四十八條但書之衡平立法精神，不應容許當事人之特約排除。

結論

㈠甲公司以其 A 船之第一艙位與出口商乙成立運送契約，甲乙之運送契約為一部傭船契約。託運人乙於發航前若欲解除契約，依海商法第四十四條第一項之規定，須支付全部運費，惟得扣除運送人因此減省費用之全部，及另裝貨物所得運費四分之三（海商法第四十九條）。

㈡甲公司以其 A 船之第一至第三艙位與出口商丙成立運送契約，甲丙之運送契約為一部傭船契約。託運人丙所裝載貨物，不及約定數量時，依海商法第四十八條之規定，丙仍應負擔全部之運費。但應扣除船舶因此所減省費用之全部，及因另裝貨物所取得運費四分之三。此項但書，為強制規定，甲丙不得特約排除。若甲丙特約排除，其特約根據海商法第五條適用民法第七十一條之規定，係屬無效。

練習題

㈠甲製造公司向乙運送公司，就其所屬之 A 船，訂定貨艙三個，但在發航前三日，僅裝載兩個貨艙，乃退回其一個，乙公司就之改裝他公司之貨物。請問：甲公司應如何負擔其運費？

參考法條

海商法第 43 條第 1 項

以船舶之全部供運送時，託運人於發航前得解除契約。但應支付運費三分之一，其已裝載貨物之全部或一部者，並應負擔因裝卸所增加之費用。

海商法第 44 條第 1 項

以船舶之一部供運送時，託運人於發航前，非支付其運費之全部，不得解除契約。如託運人已裝載貨物之全部或一部者，並應負擔因裝卸所增加之費用及賠償加於其他貨載之損害。

海商法第 48 條

以船舶之全部或一部供運送者，託運人所裝載貨物，不及約定之數量時，仍應負擔全部之運費。但應扣除船舶因此所減省費用之全部，及因另裝貨物所取得運費四分

之三。

海商法第 49 條

託運人因解除契約，應付全部運費時，得扣除運送人因此減省費用之全部，及另裝
貨物所得運費四分之三。

美國出口商甲，以 C.I.F. 高雄價格售與臺灣之進口商乙一千臺監視器，由海運公司丙運送。甲與丙於運送契約上載明「運費到付」。惟受貨人乙拒絕支付，運送人丙不向乙就承運貨物行使留置權，而向託運人甲索賠，是否有理？又航運實務上所謂「運費到付」之法律性質為何？託運人甲可否委棄該一千臺監視器，而免運費之支付？

解析

㈠ C.I.F. 貨物買賣方式，係 Cost Insurance Freight 之簡稱，指買賣價金中，包含貨物價金、保險費及運費。出口商須負擔貨物運送之保險費及運費。運送契約之當事人為託運人（出口商、出賣人）與運送人。發生爭執時，運送人與託運人間之法律關係，應依運送契約解決。而運送人與受貨人（進口商、買受人）間之法律關係，則依載貨證券之內容決定之。

㈡ C.&F. 貨物買賣方式，係 Cost Freight 之簡稱，指買賣價金中，包含貨物價金及運費。出口商（出賣人）須負擔運費，進口商（買受人）須自行辦理保險。運送契約之當事人為託運人（出口商、出賣人）與運送人。發生爭執時，運送人與託運人間之法律關係，應依運送契約解決。而運送人與受貨人（進口商、買受人）間之法律關係，則依載貨證券之內容決定之。

㈢ F.O.B. 貨物買賣方式，係 Free on Board 之簡稱，指出口商僅負責將貨物裝上甲板，運費及保險費則由進口商負擔。運送契約之當事人為進口商（買受人）與運送人，雙方之權利義務關係，依運送契約解決。於此託運人與受貨人通常為同一人，出口商僅為䑪裝人地位。

㈣ 在 C.I.F. 貨物買賣方式，託運人（即出口商、出賣人）原有支付運費義務，但託運人與運送人間，亦得特約約定運費由受貨人支付，此即航運實務上所謂「運費到付」。其法律性質為民法第二百六十八條之第三人負擔契約。託運人與運送人約定由受貨人支付運費，惟受貨人不支付運費

時，託運人應負損害賠償責任。亦即託運人所負之債務，為擔保受貨人給付運費，如受貨人不為給付時，則託運人所擔保目的未能達成，應負債務不履行之損害賠償責任。

㈤貨物之受貨人非運送契約之當事人，若有由受貨人支付運費之特約，僅係受貨人交貨請求權行使之條件，其無交付運費之義務。

㈥受貨人拒付運費，運送人為保全運費請求權，可依海商法第五條適用民法第六百四十七條第一項之規定，對運送物行使留置權，以迫使受貨人支付運費。但運送物留置權為運送人之權利，運費之支付義務人仍為託運人。若受貨人不支付運費時，根據民法第二百六十八條之規定，託運人應負損害賠償責任。

㈦託運人對於運費之支付義務，係負「人的無限責任」。託運人應以全部財產負無限清償責任，不得以委棄貨載之方式，免除其運費之支付義務。

結論

㈠在 C.I.F. 貨物買賣方式，運送契約之當事人為出口商甲（託運人）與運送人丙。運費之支付義務人為託運人。甲丙若約定運費由受貨人（第三人）乙負擔，則此約定為民法第二百六十八條之第三人負擔契約。若受貨人乙不支付運費時，運送人甲固依海商法第五條適用民法第六百四十七條第一項之規定，可行使運送物留置權，但受貨人因非運送契約之當事人，仍無支付義務，託運人甲根據民法第二百六十八條之規定，應對運送人丙負債務不履行之損害賠償責任。

㈡託運人甲對於運費之支付義務，應以全部財產負無限清償責任，不得以委棄貨載之方式，免除其運費之支付義務。

練習題

㈠航運實務上所謂「運費到付」之法律上性質為何？設運送契約載明「運費到付」，嗣受貨人拒絕支付，運送人不依法對受貨人就承運貨物行使留置權，而向託運人索賠，是否有理由？

㈡試解釋 C.I.F. 貨物買賣方式、C.&F. 貨物買賣方式及 F.O.B. 貨物買賣方式有何不同?

參考法條

海商法第 5 條

海商事件,依本法之規定,本法無規定者,適用其他法律之規定。

民法第 268 條

契約當事人之一方,約定由第三人對於他方為給付者,於第三人不為給付時,應負損害賠償責任。

民法第 647 條第 1 項

運送人為保全其運費及其他費用得受清償之必要,按其比例,對於運送物,有留置權。

甲以其 A 船承運乙之貨物一批，由高雄港駛往基隆港途中，因機器故障，船長乃將該批貨物，轉由丙之 B 船完成運送，B 船之運費反較原運費少五分之一。請問：

一、轉船節省之費用，應由何人享有？

二、同此例，若轉船因此增加之費用，應由何人負擔？

解析

㈠海商法關於事變時運費之負擔，其規定如下：

1. 船舶發航後，因不可抗力不能到達目的港，而將原裝貨物運回時，縱其船舶約定為去航及歸航之運送，根據海商法第六十六條之規定，託運人僅負擔去航運費。此乃限制運送人權利之行使。

2. 船舶在航行中，因海上事故而須修繕時，如託運人於到達目的港前提取貨物者，根據海商法第六十七條之規定，託運人應付全部運費。

3. 船長轉船之情形：

   船舶在航行中遭難或不能航行，而貨物仍由船長設法運到目的港時，關於運費之負擔，海商法第六十八條之規定如下：

   ⑴新費用＜約定運費，託運人減支兩運費差額之半數。（第一項）

   ⑵新費用＝約定運費，託運人不負擔任何費用。（第二項前段）

   ⑶新費用＞約定運費，其增高額由託運人負擔。（第二項後段）

㈡海商法第六十八條第二項規定，船舶在航行中遭難或不能航行，而貨物仍由船長設法運到目的港時，如新運費較高於約定之費用，其增高額由託運人負擔之。其立法精神在於減輕運送人之負擔，並鼓勵運送人縱有困難，亦須設法為託運人將貨物運抵目的港。

結論

㈠ A 船在航行過程中，因機器故障不能航行，由船長轉由 B 船承運時，其

因此減省運費五分之一，此減省五分之一，根據海商法第六十八條第一項之規定，由原運送契約之託運人乙與甲各分享其半數。

㈡A 船在航行過程中，因機器故障不能航行，由船長轉由 B 船承運時，其因此增加運費五分之一，此增加五分之一，根據海商法第六十八條第二項之規定，由原運送契約之託運人乙負擔。

練習題

㈠運送人所承運之貨物發生毀損滅失時，其仍否享有運費請求權？

㈡何謂「運費保付條款」？其效力如何？

參考法條

海商法第 66 條

船舶發航後，因不可抗力不能到達目的港而將原裝貨物運回時，縱其船舶約定為去航及歸航之運送，託運人僅負擔去航運費。

海商法第 67 條

船舶在航行中，因海上事故而須修繕時，如託運人於到達目的港前提取貨物者，應付全部運費。

海商法第 68 條

I 船舶在航行中遭難或不能航行，而貨物仍由船長設法運到目的港時，如其運費較低於約定之運費者，託運人減支兩運費差額之半數。

II 如新運費等於約定之運費，託運人不負擔任何費用，如新運費較高於約定之運費，其增高額由託運人負擔之。

甲將貨物一批，以付款交單 (D/P) 方式出賣給德國進口商乙，交由丙公司以 A 船運往德國，丙公司簽發載貨證券一份與甲。A 船抵德國後，將貨物卸存於海關倉庫，乙未付款贖單並提示載貨證券，而以偽造之小提單將貨物領去，致甲受有損害，請求丙公司賠償。問:

一、甲丙之運送契約屬於何種類型?

二、丙公司可否主張貨物離船，其運送責任業已解除?

三、如貨物係卸存於丙公司所有之倉庫，結果又將如何?

解析

㈠運送人依據運送契約應於目的港，將所承運之貨物交付受貨人。貨物卸載，係指貨物離船，運送人或船長海上運送責任解除，但運送人之運送義務尚未消滅，因運送人尚未交付貨物，其仍須履行交付義務。而交付，則指貨物直接或間接移轉占有於受貨人之行為。貨物交付後，運送人義務因履行而消滅。根據海商法第五十條之規定，貨物運達後，運送人或船長應即通知託運人指定之應受通知人或受貨人。運送人應依海商法第五十八條及第五十一條之規定，將貨物交付有權受領之人，方可謂完全履行運送契約。運送人不得主張貨物離船而解除運送責任。

㈡貨物卸載後交付前或貨物收受後裝載前，即貨物在陸期間，運送人對於運送物雖依海商法第六十三條對於貨物應盡一般之注意義務，但此並非強制責任範圍，運送人得特約減免其責任，無海商法第六十一條之適用，而有民法第六百四十九條及第二百二十二條規定之適用。

㈢運送人是否已履行交付義務? 可分以下二種情形加以判斷:

　1.受貨人直接受領時: 受貨人於貨物領取或提取時，為貨物之交付。

　2.貨物卸載後，先為寄倉時，究以進倉時視為貨物交付之時，或以受貨人（或其受任人）實際領取貨物時，始為貨物之交付? 應視倉庫之法律地位而定。關於倉庫之法律地位，海商法並無明文。實務見解（最

高法院 77 年臺上字第 1963 號判決）如下：

(1)倉庫為運送人所有：此時倉庫應視為船舶之延長，貨物之進倉尚不得視為貨物之交付，貨物須俟受貨人（或其受任人）實際為領受時，始得認為交付。故未交付前，運送人對於承運貨物，仍應負海商法第六十三條所定之必要注意及處置之義務。

(2)貨物之寄倉係受貨人（或其受任人）之指示：此時倉庫應視為受貨人之代理人，貨物於進倉寄存之時，即已發生交付之效力。貨物寄倉期間之危險，自當由受貨人負擔。

(3)貨物之寄倉係根據當地法令之規定時：貨物寄倉中之危險，亦應由受貨人負擔，亦即此時之倉庫，應視為受貨人之代理人，而非船舶之延長。

(四)運送人於寄存時，發生貨物交付之效力。其寄存可分為得寄存與應寄存兩種：

1. 得寄存之情形

(1)受貨人怠於受領貨物：根據海商法第五十一條第一項之規定，運送人或船長得以受貨人之費用，將貨物寄存於港埠管理機關或合法經營之倉庫，並通知受貨人。此包括受貨人因事實上之障礙不能受領之情形。

(2)受貨人不明或受貨人拒絕受領貨物時，依據海商法第五十一條第二項之規定，運送人或船長亦得依前項之規定辦理，並通知託運人及受貨人。

2. 應寄存之情形

根據海商法第五十八條第二項規定，二人以上載貨證券持有人請求交付貨物時，運送人或船長應即將貨物按照第五十一條之規定寄存，並通知曾為請求之各持有人，運送人或船長，已依第一項之規定，交付貨物之一部後，他持有人請求交付貨物時，對於其賸餘之部份亦同。

(五)對於載貨證券持有人之交付貨物義務，可分兩種情形加以說明：

1. 在貨物目的港

(1)先後數人請求：

依海商法第五十八條第一項規定，僅持有一份載貨證券，即可請求。

(2)同時數人請求：

依海商法第五十八條第二項規定，運送人或船長應即將貨物按照第五十一條之規定寄存並通知曾為請求之各持有人。

2.非於貨物目的港

依據海商法第五十八條第一項後段之規定，非接受載貨證券之全數，不得為貨物之交付。

㈥運送人或船長若未發行載貨證券時，則對託運人所指定之人為貨物之交付。

結　論

㈠甲丙之運送契約為件貨運送契約。根據海商法第三十八條第一款之規定，件貨運送契約係以貨物之件數或數量之運送為目的之海上運送契約。本題中之甲將貨物一批，交由丙公司之 A 船運送，並未指定由 A 船之全部或一部為運送，故非傭船契約而為件貨運送契約。

㈡根據海商法第五十條之規定，貨物運達後，運送人或船長應即通知託運人指定之應受通知人或受貨人，運送人丙應依海商法第五十一條及第五十八條之規定將貨物交付有權受領之人，方可謂已履行運送責任，運送人丙之責任不因貨物卸載而免除。卸載僅係運送人或船長海上運送責任之免除，運送人丙仍須履行交付之運送義務。卸載至交付期間，亦即貨物在陸上期間，運送人丙仍須履行海商法第六十三條之貨物照管義務，惟甲丙雙方可約定免責，無海商法第六十一條之適用，惟應注意民法第六百四十九條及第二百二十二條之規定。

㈢A 船之卸存海關倉庫，關於倉庫之法律地位，根據最高法院 77 年臺上字第 1963 號判決之見解，貨物之寄倉係根據當地法令之規定時，貨物寄倉中之危險，亦應由受貨人負擔，亦即此時之倉庫，應視為受貨人之代理人，而非船舶之延長。又貨物之寄倉係受貨人（或其受任人）之指示

時，此時倉庫應視為受貨人之代理人，貨物於進倉寄存之時，即已發生交付之效力。貨物寄倉期間之危險，自當由受貨人負擔。亦即此時運送人丙已交付，對於託運人甲之損害，丙不必負責。

㈣倘倉庫係運送人丙所有，依據最高法院 77 年臺上字第 1963 號判決之見解，倉庫應為船舶之延長，貨物之進倉尚不得視為貨物之交付，必俟受貨人（或其受任人）實際為領受時，始可認為交付。故貨物在未交付前，運送人對於承運貨物，仍須履行海商法第六十三條之貨物照管義務。乙未付款贖單並提示載貨證券，而以偽造之小提單將貨物領去，致甲受有損害，運送人丙應負賠償之責。

練習題

㈠甲貿易商出口發電機一套，交由乙海陸運輸公司所屬輪船以 C.Y. 方式裝入貨櫃，運往香港，由丙保險公司承保海上貨運險。貨物抵達香港後，乙公司以拖車將貨物拖往集散場時，因車行超速而翻覆，致貨物嚴重毀損，不堪使用，經丙公司賠償受貨人一百萬元後，向乙公司索賠。請問：

　1.乙公司主張本件貨物由託運人自行裝櫃，且載貨證券未註明其價值，運送人之賠償責任，以不超過三千元為限，有無理由？

　2.載貨證券記明貨物卸載後、交付前之毀損滅失，除由於運送人之故意或重大過失所致者外，運送人不負賠償責任，此記載之效力如何？

參考法條

海商法第 38 條

　貨物運送契約為下列二種：一　以件貨之運送為目的者。二　以船舶之全部或一部供運送為目的者。

海商法第 50 條

　貨物運達後，運送人或船長應即通知託運人指定之應受通知人或受貨人。

海商法第 51 條

I　受貨人怠於受領貨物時，運送人或船長得以受貨人之費用，將貨物寄存於港埠管理

機關或合法經營之倉庫，並通知受貨人。

II 受貨人不明或受貨人拒絕受領貨物時，運送人或船長得依前項之規定辦理，並通知託運人及受貨人。

III 運送人對於前二項貨物有下列情形之一者，得聲請法院裁定准予拍賣，於扣除運費或其他相關之必要費用後提存其價金之餘額：一　不能寄存於倉庫。二　有腐壞之虞。三　顯見其價值不足抵償運費及其他相關之必要費用。

海商法第 58 條

I 載貨證券有數份者，在貨物目的港請求交付貨物之人，縱僅持有載貨證券一份，運送人或船長不得拒絕交付。不在貨物目的港時，運送人或船長非接受載貨證券之全數，不得為貨物之交付。

II 二人以上之載貨證券持有人請求交付貨物時，運送人或船長應即將貨物按照第五十一條之規定寄存，並通知曾為請求之各持有人，運送人或船長，已依第一項之規定，交付貨物之一部後，他持有人請求交付貨物者，對於其賸餘之部分亦同。

III 載貨證券之持有人有二人以上者，其中一人先於他持有人受貨物之交付時，他持有人之載貨證券對運送人失其效力。

海商法第 61 條

以件貨運送為目的之運送契約或載貨證券記載條款、條件或約定，以減輕或免除運送人或船舶所有人，對於因過失或本章規定應履行之義務而不履行，致有貨物毀損、滅失或遲到之責任者，其條款、條件或約定不生效力。

海商法第 63 條

運送人對於承運貨物之裝載、卸載、搬移、堆存、保管、運送及看守，應為必要之注意及處置。

民法第 222 條

故意或重大過失之責任，不得預先免除。

民法第 649 條

運送人交與託運人之提單或其他文件上，有免除或限制運送人責任之記載者，除能證明託運人對於其責任之免除或限制明示同意外，不生效力。

最高法院 77 年臺上字第 1963 號判決

按貨物卸載後寄倉之場合，究以進倉之時視為貨物交付之時，或以受貨人（或其受任人）實際領取貨物之時，始為貨物交付之時，應視該倉庫之法律地位而定。關於倉庫之法律地位，海商法並無明文規定，惟依法理，倘倉庫為運送人所有者，此時

之倉庫應視為船舶之延長，貨物之進倉尚不得視為貨物之交付，貨物必須俟受貨人（或其受任人）實際為領受時，始得認為交付，故未交付前，運送人對於承運貨物，仍應負海商法第一百零七條所定應為必要之注意及處置之義務；如貨物之寄倉係依受貨人（或其受任人）之指示者，此時之倉庫應視為受貨人之代理人，貨物於進倉寄存之時，即已發生交付之效力，貨物寄倉期間之危險，自當由受貨人負擔；又如貨物之寄倉係根據當地法令之規定時，貨物寄倉中之危險，亦應由受貨人負擔之，亦即此時之倉庫，應視為受貨人之代理人，而非船舶之延長。

> 　　美國出口商甲，以 **C.I.F.** 高雄港價格條件售與臺灣高雄之進口商乙一千臺監視器，由海運公司丙運送。甲與丙於運送契約中約定：「運送途中，因運送人之過失所生火災致該批監視器之毀損滅失，丙公司不負賠償責任」。丙依甲之請求，簽發載貨證券一式三份，載貨證券載明：「運費已由甲所簽發之支票美金壹萬元支付交予丙」。甲將該載貨證券背書寄交與乙。嗣後丙依該支票所載日期向銀行提示付款被拒。數日後，船舶抵達高雄港。請問：
> 一、何謂 **C.I.F.** 貨物買賣方式？
> 二、甲丙之運送契約屬何類型？
> 三、甲丙就上述運送契約不負賠償責任之約定，其效力如何？
> 四、乙於高雄持載貨證券一份，請求交付該批監視器，丙得否以尚缺載貨證券二份及繳付支票未兌現為由，拒絕交貨？

解 析

㈠ C.I.F. 貨物買賣方式，係 Cost Insurance Freight 之簡稱，指買賣價金中，包含貨物價金、保險費及運費。出口商必須負擔貨物運送之保險費及運費。運送契約之當事人為託運人（出口商、出賣人）與運送人。貨物運送發生爭執時，運送人與託運人間之法律關係，應依運送契約解決，而運送人與受貨人（進口商、買受人）間之法律關係，則依載貨證券之內容決定之。

㈡ 在涉外運送契約，如何訂定本案準據法？根據海商法第七十七條規定，載貨證券所載之裝載港或卸貨港為中華民國港口者，其載貨證券所生之法律關係依涉外民事法律適用法所定應適用法律。即涉外民事法律適用法第六條。但依我國海商法中華民國受貨人或託運人保護較優者，應適用我國海商法之規定。亦即涉外民事法律適用法第六條允許涉外契約準據法自由訂定原則，然依海商法第六十一條，在件貨運送契約或載貨證

券，如約定以減輕或免除運送人或船舶所有人對於因過失或本章規定應
履行之義務而不履行，致有貨物毀損、滅失或遲到之責任者，其約定不
生效力。

㈢海商法第六十一條對於貨物之毀損、滅失或遲到之責任，不得特約減免。
特約減免時，特約無效。其適用之對象如下：

　1.件貨運送契約，其目的在於保障無平等談判實力之件貨運送託運人。

　2.傭船契約另行簽發載貨證券時，傭船契約所載免責約款，不能拘束載
　　貨證券持有人（海商法第六十條第二項）。又載貨證券上有免責約款，
　　依據海商法第六十一條之規定，對於載貨證券持有人亦不生效力。

　傭船契約上載免責約款，其約款有效。因在傭船契約，託運人（傭船人）
　與運送人之談判地位對等，基於私法自治契約自由原則，應允許其有效，
　故在海商法第六十一條所規定免責約款無效之適用對象，僅適用於件貨
　運送契約及載貨證券，對於傭船契約，則不在適用之列。又在海商法第
　六十一條下特約無效時，運送契約或載貨證券仍然有效。

㈣載貨證券有數份時，在貨物目的港請求交付貨物之人，縱僅持有載貨證
　券一份，依據海商法第五十八條第一項前段之規定，運送人或船長不得
　拒絕交付。

㈤在 C.I.F. 貨物買賣方式，買賣契約之價金包含貨物價金 (cost)、保險費
　(insurance) 及運費 (freight)，故出賣人（出口商）須負責保險契約及運送
　契約之締結。亦即在 C.I.F. 貨物買賣方式，託運人為出口商，進口商並
　非運送契約之當事人，故無支付運費之義務。

㈥以支票支付運費係屬代物清償或新債清償?根據通說及最高法院 48 年臺
　上字第 1208 號判例之見解，認為票據支付在性質上，屬於新債清償，亦
　即新債務不履行,舊債務不消滅(民法第三百二十條)。以支票支付運費，
　支票未兌現，則應認為運費尚未支付。根據民法第六百四十七條第一項
　之規定，運送人為保全其運費及其他費用，得受清償之必要，按其比例，
　對於運送物，有留置權。載貨證券上記載以支票支付運費，則支票未兌
　現時，運送人為保全其運費，得受清償之必要，按其比例，對於運送物

行使留置權，拍賣取償。惟民法第六百四十七條之規定，依其立法理由，解釋上應限於受貨人負擔運費債務時，始有適用，否則對善意之受貨人不利。

結論

㈠本題中運送契約之當事人為託運人（出口商）甲與運送人丙，為 C.I.F. 之貨物買賣方式。亦即買賣價金中包含貨物價金、保險費及運費。出口商必須負擔貨物運送之保險費及運費。

㈡件貨運送契約，根據海商法第三十八條第一款之規定，係以貨物之件數或數量為運送目的之契約。本題中，出口商甲將售與進口商乙之一千臺監視器，交由丙海運公司運送，甲丙間之運送契約為件貨運送契約。

㈢根據海商法第七十七條但書規定適用海商法第六十一條之規定，甲丙於運送契約中對於免除運送人丙責任之約定，其特約無效。惟甲丙之運送契約或載貨證券仍然有效。

㈣本題中，高雄港為該批監視器之貨物目的港，根據海商法第五十八條第一項前段之規定，高雄之受貨人乙，縱僅持有載貨證券一份，運送人丙仍不得拒絕交付。又在 C.I.F. 貨物買賣方式中，運送契約之當事人為託運人（出口商）甲與運送人丙，乙並非託運人，對丙無支付運費之義務，丙不得以運費支票未兌現為由，拒絕交付監視器。丙雖可依民法第三百二十條之規定，以支票未獲兌現為由，主張運費尚未支付，但因受貨人乙並不須負擔運費，丙不得根據海商法第五條適用民法第六百四十七條第一項之規定，對於該批監視器行使留置權。

練習題

㈠甲公司向印尼之乙公司購買原木一批，由乙公司託丙航業公司運送來臺，丙公司於原木裝船後，簽發未載明受貨人之載貨證券一份交與乙公司，再由乙公司背書轉讓交與甲公司。惟該批原木運抵高雄港後，丙公司竟卸交與非載貨證券持有人之丁木業公司，被丁公司悉數用完。請問：

1. 甲公司可否向丙公司或丁公司主張何項權利?

2. 在甲公司受讓載貨證券之前，丁公司已將原木取走，並轉讓與不知情之第三人，對甲之權利有無影響?

(二)民法代物清償與新債清償有何不同?

(三)傭船契約有無海商法第六十一條之適用，其理由何在?

(四)C.I.F. 貨物買賣方式、C.&F. 貨物買賣方式及 F.O.B. 貨物買賣方式有何不同?

參考法條

海商法第 38 條

貨物運送契約為下列二種：一　以件貨之運送為目的者。二　以船舶之全部或一部供運送為目的者。

海商法第 58 條第 1 項

載貨證券有數份者，在貨物目的港請求交付貨物之人，縱僅持有載貨證券一份，運送人或船長不得拒絕交付。不在貨物目的港時，運送人或船長非接受載貨證券之全數，不得為貨物之交付。

海商法第 60 條第 2 項

以船舶之全部或一部供運送為目的之運送契約另行簽發載貨證券者，運送人與託運人以外載貨證券持有人間之關係，依載貨證券之記載。

海商法第 61 條

以件貨運送為目的之運送契約或載貨證券記載條款、條件或約定，以減輕或免除運送人或船舶所有人，對於因過失或本章規定應履行之義務而不履行，致有貨物毀損、滅失或遲到之責任者，其條款、條件或約定不生效力。

海商法第 77 條

載貨證券所載之裝載港或卸貨港為中華民國港口者，其載貨證券所生之法律關係依涉外民事法律適用法所定應適用法律。但依本法中華民國受貨人或託運人保護較優者，應適用本法之規定。

民法第 320 條

因清償債務而對於債權人負擔新債務者，除當事人另有意思表示外，若新債務不履行時，其舊債務仍不消滅。

民法第 647 條第 1 項

運送人為保全其運費及其他費用得受清償之必要，按其比例，對於運送物，有留置權。

最高法院 48 年臺上字第 1208 號判例

上訴人將第三人所簽發之支票依背書交付與被上訴人，並未將被上訴人持有之借據收回或塗銷，顯係以負擔票據債務為使被上訴人受清償之方法，票據債務既未因履行而消滅，則兩造間原有之消費借貸債務，自仍屬存在。

何謂海上貨物運送人最低強制責任？並試就我國海商法之規定說明下例：甲海運公司承運乙之貨物一批，因海員管理船舶不當，致船舶鍋爐發生爆裂，船舶起火，焚燬承運貨物，甲應否負賠償責任？如因海員捆綁貨載欠牢，以致航行中僅遇通常風浪即發生移動，造成船舶傾斜，進水而漫毀承運貨物，甲之責任有無不同？

解析

(一)運送人免責約款禁止原則，又稱海上貨物運送人最低強制責任，係指關於貨載毀損滅失或遲到之責任，運送人對於海商法所定之義務，不得以特約免除或減輕之。依據海商法第六十一條規定：「以件貨運送為目的之運送契約或載貨證券記載條款、條件或約定，以減輕或免除運送人或船舶所有人，對於因過失或本章規定應履行之義務而不履行，致有貨物毀損、滅失或遲到之責任者，其條款、條件或約定不生效力。」茲分析如下：

1. 海上貨物運送人最低強制責任，其適用之對象包括件貨運送契約及載貨證券之法律關係；傭船契約，因運送契約當事人談判能力對等，基於契約自由原則，當事人可特約免責。

2. 強制責任期間，我國海商法並無明文規定，惟因我國海商法關於貨物運送部份大抵海牙規則之內容，對於運送人強制責任之期間，應認為係採「鉤對鉤原則」，亦即從貨物裝載上船至卸載離船時為止，海上運送人應負強制責任，依海商法第六十一條有免責約款禁止之適用。貨物收受後裝載前或卸載後交付前，運送人雖依海商法第六十三條對於貨物應盡照管義務，但此非強制責任之範圍，運送人得特約減免其責任，無海商法第六十一條之適用，而有民法第六百四十九條及第二百二十二條規定之適用。

3. 最低義務之要求有二，其一為海商法第六十二條之提供具堪航能力之船舶；其二為海商法第六十三條之承運貨物照管義務。

4.強制責任違反之效力有二：

 (1)免責約款無效（海商法第六十一條）。亦即對貨物之毀損、滅失或遲到之責任，不得特約減免。特約減免者，其特約無效。惟運送契約或載貨證券仍然有效。

 (2)不得主張免責利益。運送人未盡海商法第六十二條及第六十三條之注意義務，不得主張第六十九條之免責利益。

㈡根據海商法第六十九條第一款規定，運送人或船舶所有人，就「船長、海員、引水人或運送人之受僱人，於航行或管理船舶之行為而有過失」所致貨物之毀損或滅失，不負賠償責任。因運送人若對船舶具有堪航能力或配置相當之海員，已盡必要之注意及選任義務，則船舶航行海外，操之於運送人之使用人，運送人自屬無法控制，故應予以免責。

㈢根據海商法第六十九條第三款之規定，「非由於運送人本人之故意或過失所生之火災」所致貨物之毀損或滅失，運送人或船舶所有人不負賠償責任。因貨物一經起火，常生全損性，若非運送人本人之故意或過失所引起，則應予免責。

㈣根據海商法第六十三條規定：「運送人對於承運貨物之裝載、卸載、搬移、堆存、保管、運送及看守，應為必要之注意及處置。」此項對於貨物保管之注意義務，為商業上之注意義務。條文稱「應為必要之注意及處置」，係指運送人應盡善良管理人之注意義務，如有違反，應負抽象之過失責任。因經營航海事業，屬於商業行為，不可不就商業上過失行為負責。

結論

㈠海上貨物運送人最低強制責任之意義及內容，請參見上述解析㈠。

㈡海員管理船舶不當，致船舶鍋爐發生爆裂，船舶起火，焚燬承運貨物，若運送人對船舶具有堪航能力或配置相當之海員，已盡必要之注意及選任義務，則依據海商法第六十九條第一款及第三款之規定，甲海運公司應予以免責。

㈢海員捆綁貨載欠牢，以致航行中僅遇通常風浪即發生移動，造成船舶傾

斜，進水而漫毀承運貨物，根據海商法第六十三條之規定，運送人違反貨物照管之義務，應負賠償責任。

練習題

(一)何謂海上貨物運送人最低強制責任?並試就我國海商法之規定說明下例：甲海運公司承運乙之貨物一批，試問貨物裝船後，甲就其船舶及就乙之貨物應履行如何之強制義務?

(二)高雄市某甲木材商，與乙輪船公司訂定傭船契約，約定「輪船運送途中所生之損害，乙公司不負賠償責任」，並應於九十年七月二日以該公司 A 船，至花蓮港第二碼頭載運甲所有之檜木五百支至高雄港。嗣該船於七月四日航行於高雄外港時，因船員抽煙不慎失火，木材全部燒毀，船員紛紛棄船而逃，該船失去控制，致觸礁沉沒。甲乃於九十一年十月五日起訴請求乙輪船公司賠償損害，請問：甲之請求，是否有理由?

參考法條

海商法第 61 條

以件貨運送為目的之運送契約或載貨證券記載條款、條件或約定，以減輕或免除運送人或船舶所有人，對於因過失或本章規定應履行之義務而不履行，致有貨物毀損、減失或遲到之責任者，其條款、條件或約定不生效力。

海商法第 62 條

I 運送人或船舶所有人於發航前及發航時，對於下列事項，應為必要之注意及措置：一 使船舶有安全航行之能力。二 配置船舶相當船員、設備及供應。三 使貨艙、冷藏室及其他供載運貨物部分適合於受載、運送與保存。

II 船舶於發航後因突失航行能力所致之毀損或減失，運送人不負賠償責任。

III運送人或船舶所有人為免除前項責任之主張，應負舉證之責。

海商法第 63 條

運送人對於承運貨物之裝載、卸載、搬移、堆存、保管、運送及看守，應為必要之注意及處置。

海商法第 69 條

因下列事由所發生之毀損或滅失，運送人或船舶所有人不負賠償責任：一　船長、海員、引水人或運送人之受僱人，於航行或管理船舶之行為而有過失。二　海上或航路上之危險、災難或意外事故。三　非由於運送人本人之故意或過失所生之火災。四　天災。五　戰爭行為。六　暴動。七　公共敵人之行為。八　有權力者之拘捕、限制或依司法程序之扣押。九　檢疫限制。十　罷工或其他勞動事故。十一　救助或意圖救助海上人命或財產。十二　包裝不固。十三　標誌不足或不符。十四　因貨物之固有瑕疵、品質或特性所致之耗損或其他毀損滅失。十五　貨物所有人、託運人或其代理人、代表人之行為或不行為。十六　船舶雖經注意仍不能發現之隱有瑕疵。十七　其他非因運送人或船舶所有人本人之故意或過失及非因其代理人、受僱人之過失所致者。

民法第 222 條

故意或重大過失之責任，不得預先免除。

民法第 649 條

運送人交與託運人之提單或其他文件上，有免除或限制運送人責任之記載者，除能證明託運人對於其責任之免除或限制明示同意外，不生效力。

> 甲貿易公司託乙航運公司所屬貨輪載運白米一百公噸至日本，該輪甫發航旋即沉沒於基隆外海，所載白米全部滅失。經海事評議會評定結果，該輪船長對於裝載貨物疏於督導，大副亦疏忽職責。甲貿易公司認為乙航運公司應負海事責任，起訴請求該公司賠償白米一百公噸，有無理由？

解析

(一)根據海商法第六十三條之規定：「運送人對於承運貨物之裝載、卸載、搬移、堆存、保管、運送及看守，應為必要之注意及處置。」此項對於貨物保管之注意義務，為商業上之注意義務。條文稱「應為必要之注意及處置」，係指運送人應盡善良管理人之注意義務，如有違反，應負抽象之過失責任。因經營航海事業，屬於商業行為，不可不就商業上過失行為負責。

(二)自海牙規則經各海運先進國家採用以來，關於貨物運送人商業上之過失，世界各國立法均採推定之過失責任主義，即於貨載毀損滅失時，先推定運送人有過失，運送人必須證明其無過失，才可免責。此即運送人過失責任之推定。我國海商法第六十三條之規定，亦應做相同之解釋。

(三)海商法第六十三條之規定，運送人對於承運貨物，「應為必要之注意及處置」，則是否可歸責於運送人，自應以運送人是否盡善良管理人之注意義務為準。亦即運送人有抽象過失或具體過失，致運送物毀損或滅失時，即應負賠償責任。

(四)損害賠償之方法，根據民法第二百十三條之規定，原則為回復原狀。例外為金錢賠償（民法第二百十四條、第二百十五條）。民法第二百十三條第一項規定：「負損害賠償責任者，除法律另有規定或契約另有訂定外，應回復他方損害發生前之原狀。」民法第六百三十八條所稱「運送物有喪失、毀損或遲到者，其損害賠償額，應依其應交付時目的地之價值計算

之。」即為民法第二百十三條所稱之「法律另有規定」之例。

結論

(一)運送人對於承運貨物有滅失或毀損時，根據海商法第六十三條之規定，即先被推定為有過失，運送人必須證明其無過失，方可免責。更何況本題中，船長對於裝載貨物疏於督導，大副亦疏忽職責，致船舶沉沒，貨載滅失，運送人顯未善盡必要之注意及處置，顯有商業上之過失（包括抽象過失及具體過失），依據海商法第六十三條之規定，運送人乙應負賠償責任。

(二)依據民法第六百三十八條所規定「運送物有喪失、毀損或遲到者，其損害賠償額，應依其應交付時目的地之價值計算之。」此即民法第二百十三條所稱之「法律另有規定」之例，故甲貿易公司僅能請求為金錢賠償，不可請求回復原狀，要求賠償白米一百公噸。

練習題

(一)運送人之注意責任，有無欠缺，其舉證責任應如何分配？有謂受貨人須證明運送人有過失，否則運送人不負賠償責任，其法律見解是否正確？

(二)海上貨物運送人「貨物保管」之注意責任，如有欠缺，究應負何種過失責任？有謂海上運送人僅負故意或重大過失責任，其見解是否正確？

(三)甲託乙海運木材，乙之受僱人使用船內爐具不慎引起火災，木材盡燬。乙有無賠償責任？如應賠償，應以金錢賠償或木材賠償？請分別詳舉理由以對。

參考法條

海商法第 63 條

運送人對於承運貨物之裝載、卸載、搬移、堆存、保管、運送及看守，應為必要之注意及處置。

民法第 213 條

I 負損害賠償責任者，除法律另有規定或契約另有訂定外，應回復他方損害發生前之原狀。

II 因回復原狀而應給付金錢者，自損害發生時起，加給利息。

III 第一項情形，債權人得請求支付回復原狀所必要之費用，以代回復原狀。

民法第 214 條

應回復原狀者，如經債權人定相當期限催告後，逾期不為回復時，債權人得請求以金錢賠償其損害。

民法第 215 條

不能回復原狀或回復顯有重大困難者，應以金錢賠償其損害。

民法第 638 條第 1 項

運送物有喪失、毀損或遲到者，其損害賠償額，應依其應交付時目的地之價值計算之。

運送人之法定免責事由及保險人之賠償責任與代
位權

臺灣進口商甲，以 **C.I.F.** 基隆港價格條件及付款交單 **(D/P)** 方式，向
美國出口商購買貨物一批。出口商就該批貨物向 **A** 保險公司投保海上貨
物保險，取得保險單；並就該批貨物交由 **B** 輪船公司運送，取得載貨證
券。輪船抵達基隆外海時，因船長於夜間打瞌睡駕駛，致該輪觸礁，輪
上之該批貨物全毀。請回答下列問題並附理由：

一、甲得否向 **A** 保險公司及 **B** 輪船公司請求賠償？

二、若 **A** 保險公司給付甲賠償金額後，**A** 得否向 **B** 輪船公司及船長
行使保險人之代位權？

解析

㈠ C.I.F. 貨物買賣方式，係 Cost Insurance Freight 之簡稱，指買賣價金包含
貨物價格、運送保險費及運費。付款交單 (D/P)，係指買方付款後，取得
載貨證券，方得根據載貨證券行使權利。

㈡保險人之賠償責任，係規定於海商法第一百二十九條。依據該條規定，
保險人對於保險標的物，除契約另有規定外，因海上一切事變及災害所
生之毀損滅失及費用，負賠償責任。

㈢被保險人之定義，依據保險法第四條之規定，係指保險事故發生時，遭
受損害，享有賠償請求權之人。

㈣船長、海員、引水人或運送人之受僱人於航行或管理船舶之行為而有過
失致生貨物毀損或滅失時，運送人可依海商法第六十九條第一款之規定，
主張免責。惟須法定免責之客體（對象），限於訂有運送契約之本船貨物；
同時運送人須舉證證明已盡海商法第六十二條及第六十三條之基本注意
義務。

㈤保險人之代位權，根據保險法第五十三條之規定，須被保險人因保險人
應負保險責任之損失發生，而對於第三人有損失賠償請求權時，保險人

方可於給付賠償金額後，代位行使被保險人對於第三人之請求權。

㈥海上履行輔助人，如船長、海員及受僱於船舶工作之人，是否可享有船舶所有人關於責任限制或免責之規定？根據海商法第七十六條第一項之規定，海商法有關運送人因貨物滅失、毀損或遲到對託運人或其他第三人所得主張之抗辯及責任限制之規定，對運送人之代理人或受僱人亦得主張。但若能證明貨物之滅失、毀損或遲到，係因代理人或受僱人之故意或重大過失造成時，則不可主張。

結論

㈠甲向美國出口商購買貨物一批，並約定以 C.I.F. 為價格條件及以付款交單 (D/P) 為付款方式。甲須依約向美國出口商付款後，取得載貨證券，才可根據載貨證券主張權利。據此，運送契約存在於美國出口商與 B 輪船公司；而保險契約，則以美國出口商為要保人，甲為被保險人，A 保險公司為保險人。

㈡美國出口商向 A 保險公司投保海上貨物保險，因船長於夜間打瞌睡駕駛，致該輪觸礁，輪上之該批貨物全毀，依據海商法第一百二十九條之規定，A 保險公司應負賠償責任。

㈢甲以付款交單 (D/P) 方式向美國出口商購買貨物一批，依甲與美國出口商之約定，甲付款予出口商後，即取得該批貨物之載貨證券，故甲可依該載貨證券向 B 輪船公司請求交付貨物。惟本題中，因船長於夜間打瞌睡駕駛，致該輪觸礁，輪上之該批貨物全毀，根據海商法第六十九條第一款之規定，船長於航行或管理船舶之行為有過失所致之貨物毀損，運送人或船舶所有人不負賠償責任。B 輪船公司若能舉證證明已盡海商法第六十二條及第六十三條之注意義務，自可根據海商法第六十九條第一款之規定，向甲主張免責。

㈣B 輪船公司可根據海商法第六十九條第一款之規定，向臺灣進口商甲主張免責。甲（被保險人）對於 B 輪船公司（第三人）並無損失賠償請求權，故 A 保險公司（保險人）並無保險法第五十三條第一項之代位權。

㈤B 輪船公司可主張免責之部份，根據海商法第七十六條第一項之規定，受僱人船長亦得主張之，除非船長具有故意或重大過失。本題中，B 輪船公司之船長雖有過失，但應未達重大過失之程度，故仍可依海商法第七十六條第一項主張免責。被保險人甲對於 B 輪船公司之船長既無損失賠償請求權，A 保險公司自無保險法第五十三條第一項之代位權可言。

練習題

㈠在海上貨物運送，貨物所有人向保險公司投保貨物損失險。茲因運送人所僱用之海員過失，致貨物發生毀損。試分貨物毀損因船舶管理有過失而發生與貨物毀損因貨物管理有過失而發生兩種情況，說明保險人於保險給付後，如何行使代位請求權？

參考法條

海商法第 69 條

因下列事由所發生之毀損或滅失，運送人或船舶所有人不負賠償責任：一　船長、海員、引水人或運送人之受僱人，於航行或管理船舶之行為而有過失。二　海上或航路上之危險、災難或意外事故。三　非由於運送人本人之故意或過失所生之火災。四　天災。五　戰爭行為。六　暴動。七　公共敵人之行為。八　有權力者之拘捕、限制或依司法程序之扣押。九　檢疫限制。十　罷工或其他勞動事故。十一　救助或意圖救助海上人命或財產。十二　包裝不固。十三　標誌不足或不符。十四　因貨物之固有瑕疵、品質或特性所致之耗損或其他毀損滅失。十五　貨物所有人、託運人或其代理人、代表人之行為或不行為。十六　船舶雖經注意仍不能發現之隱有瑕疵。十七　其他非因運送人或船舶所有人本人之故意或過失及非因其代理人、受僱人之過失所致者。

海商法第 76 條第 1 項

本節有關運送人因貨物滅失、毀損或遲到對託運人或其他第三人所得主張之抗辯及責任限制之規定，對運送人之代理人或受僱人亦得主張之。但經證明貨物之滅失、毀損或遲到，係因代理人或受僱人故意或重大過失所致者，不在此限。

海商法第 129 條

保險人對於保險標的物，除契約另有規定外，因海上一切事變及災害所生之毀損滅

失及費用，負賠償責任。

保險法第 4 條

本法所稱被保險人，指於保險事故發生時，遭受損害，享有賠償請求權之人；要保人亦得為被保險人。

保險法第 53 條第 1 項

被保險人因保險人應負保險責任之損失發生，而對於第三人有損失賠償請求權者，保險人得於給付賠償金額後，代位行使被保險人對於第三人之請求權；但其所請求之數額，以不逾賠償金額為限。

何謂海上貨物運送人最低強制責任？並試就我國海商法之規定說明下例：甲海運公司承運乙之貨物一批，試問貨物裝船後，甲就其船舶及就乙之貨物應履行如何之強制義務？

解析

㈠海上貨物運送人最低強制責任，係指關於貨載毀損滅失或遲到之責任，運送人對於海商法所定之義務，不得以特約減輕或免除，故又稱運送人免責約款禁止原則。海商法第六十一條規定：「以件貨運送為目的之運送契約或載貨證券記載條款、條件或約定，以減輕或免除運送人或船舶所有人對於因過失或本章規定應履行之義務而不履行，致有貨物毀損、滅失或遲到之責任者，其條款、條件或約定不生效力。」從海商法第六十一條規定之內容分析可知：

1. 海上貨物運送人最低強制責任，僅適用於件貨運送契約及載貨證券之法律關係；傭船契約，因運送契約當事人談判能力對等，基於契約自由原則，當事人可特約免責。

2. 強制責任適用之期間，我國海商法並無明文規定，通說認為乃從裝載至卸載之固有海上期間。

3. 其最低義務要求主要有二：

   ⑴其一為海商法第六十二條，運送人對於供運送之船舶，於發航前及發航時應盡船舶適航性及適載性之義務；

   ⑵其二為海商法第六十三條，運送人對於承運貨物有照管之義務。

   對於此二義務，在固有海上期間，運送人不得以特約減輕或免除。

㈡船舶所有人就其提供運送之船舶，應盡海商法第六十二條之船舶適航性及適載性之義務。船舶適航性及適載性之判斷，即海商法第六十二條所稱之：「I運送人或船舶所有人於發航前及發航時，對於下列事項，應為必要之注意及措置：一　使船舶有安全航行之能力。二　配置船舶相當

船員、設備及供應。三　使貨艙、冷藏室及其他供載運貨物部分適合於受載、運送與保存。II 船舶於發航後因突失航行能力所致之毀損或滅失，運送人不負賠償責任。III 運送人或船舶所有人為免除前項責任之主張，應負舉證之責。」

㈢所謂船舶之堪航能力，係指船舶應具備足以抗拒預定航程上所可能遭遇之海上危險。包括：

1. 使船舶有安全航行之能力（狹義之適航性）：所謂安全航行能力，係指船舶之安全設備及人員配備，足以抗拒預定航程上所可能發生之危險，使貨物得安全到達目的港之能力而言。船舶安全航行能力，非僅以船舶本身狀況而定，尚與其供應、配備、貨載搭載狀況及預定航程上之海上危險有密切關係。船舶有無安全航行能力乃事實問題，不得因船舶曾經依法為定期檢查，即謂船舶之適航性絕無問題；而船舶於發航前向主管機關呈驗有關船舶文書，只是行政管理上之最低形式要求，既未做實際檢查，自亦不得因主管機關之放行，即謂具有安全航行能力。（參照最高法院 76 年臺上字第 1858 號判決）

2. 裝備上適當：即須配置相當海員、設備及船舶之供應。

3. 堪載能力：使貨艙、冷藏室及其他供載運貨物部份適合於受載、運送與保存。

㈣船舶堪航能力之注意義務：

1. 時間上，採「始航責任主義」。即運送人僅須於「發航前及發航時」為必要之注意及措置，使船舶具有航行能力即可。若航行中無堪航能力則屬船舶管理問題，應依海商法第六十九條第一款免責。

2. 責任主義，採「過失責任主義」。即運送人或船舶所有人應盡必要之注意發現船舶有無堪航能力。如運送人或船舶所有人已盡其必要之注意，而仍無法發現船舶無堪航能力時，則運送人或船舶所有人因無過失而可免責。又依海商法第六十二條第三項規定：「運送人或船舶所有人為免除前項責任之主張，應負舉證之責。」即運送人或船舶所人之過失，是為法律所事先推定。託運人僅須證明其受有損害，且其損害係由船

舶無堪航能力之事實所致即可。運送人或船舶所有人為免除其責任，應證明無堪航能力發生於發航後，或運送人或船舶所有人已盡必要之注意，仍無法發現船舶無堪航能力，亦即係採舉證責任之倒置。

3. 海商法第六十二條第一項所稱之「發航前及發航時」，應如何解釋？對此學說有二說：其一為預定航程說，即船舶在貨物裝載港之裝貨時至發航時止，運送人或船舶所有人應使船舶有堪航能力。其二為航段說，即船舶於各個港口啟航時，運送人或船舶所有人均應使船舶具有堪航能力。對此管見以為應採預定航程說，以與海牙規則之規定相呼應。

㈤對貨物提供商業上之照管義務：運送人或船舶所有人就託運人之貨物之裝載、卸載、搬移、堆存、保管、運送及看守，應為必要之注意及處置。

1. 照管義務之意義：海商法第六十三條規定：「運送人對承運貨物之裝載、卸載、搬移、堆存、保管、運送及看守，應為必要之注意及處置。」

2. 注意義務：採「過失責任主義」。本條雖未如第六十二條設有舉證責任倒置之規定，但一般認為應作相同之解釋，亦即第六十三條之規定亦採過失責任主義。

3. 運送貨物自裝載時起至卸載時止，在此「強制責任期間」運送人應依第六十三條之規定，為必要之注意及處置。運送人就此期間貨物所生之毀損或滅失，不得以特約之方式，減輕或免除其責任。至於在貨物收受後、裝載前及卸載後、交付前，亦即貨物在陸上待運期間及待交期間，則為「任意責任期間」，運送人得以特約方式，減輕或免除其責任。

結論

㈠海上貨物運送人最低強制責任，係指關於貨載毀損滅失或遲到之責任，運送人對於海商法所定之義務，不得以特約減輕或免除，故又稱免責約款禁止原則。（詳請參見上述解析㈠）

㈡甲海運公司就其船舶及就承運乙之貨物，應履行海商法第六十二條，即運送人對於供運送之船舶，於發航前及發航時應盡船舶適航性及適載性

之義務；以及海商法第六十三條，即運送人對於承運貨物有照管之義務。對於此二義務，在固有海上期間，運送人不得以特約減輕或免除。

練習題

㈠甲航運公司之 A 船承運乙之黃豆一批，因海水自損壞艙蓋進入貨艙而造成黃豆水濕腐壞。請問：甲是否應就乙之損害賠償？理由為何？

㈡甲航運公司於發航前，對於船舶之堪航能力，並未為必要之注意及措置，惟取得進行週年定期檢查，取得結構、配備安全及具有國際通訊載重能力之證明文件。在航行中，發生引擎室爆炸事件，致託運人乙之貨物全毀。請問：甲是否應就乙之損害賠償？理由為何？

㈢貨櫃運送，甲運送人將承運乙之貨櫃裝載在甲板上，但對承運貨櫃未盡必要之照管義務，造成貨櫃內貨物之毀損。請問：甲是否應就乙之損害賠償？理由為何？

參考法條

海商法第 61 條

以件貨運送為目的之運送契約或載貨證券記載條款、條件或約定，以減輕或免除運送人或船舶所有人，對於因過失或本章規定應履行之義務而不履行，致有貨物毀損、滅失或遲到之責任者，其條款、條件或約定不生效力。

海商法第 62 條

I 運送人或船舶所有人於發航前及發航時，對於下列事項，應為必要之注意及措置：一 使船舶有安全航行之能力。二 配置船舶相當船員、設備及供應。三 使貨艙、冷藏室及其他供載運貨物部分適合於受載、運送與保存。

II 船舶於發航後因突失航行能力所致之毀損或滅失，運送人不負賠償責任。

III運送人或船舶所有人為免除前項責任之主張，應負舉證之責。

海商法第 63 條

運送人對於承運貨物之裝載、卸載、搬移、堆存、保管、運送及看守，應為必要之注意及處置。

最高法院 76 年臺上字第 1858 號判決

　　所謂安全航行能力，係指船舶之安全設備及人員配備，足以抗拒預定航程上所可能發生之危險，使貨物得安全到達目的港之能力而言。船舶安全航行能力，非僅以船舶本身狀況而定，尚與其供應、配備、貨載搭載狀況及預定航程上之海上危險有密切關係。船舶有無安全航行能力乃事實問題，不得因船舶曾經依法為定期檢查，即謂船舶之適航性絕無問題；而船舶於發航前向主管機關呈驗有關船舶文書，只是行政管理上之最低形式要求，既未做實際檢查，自亦不得因主管機關之放行，即謂具有安全航行能力。

> 甲將貨物一批委託乙海運公司以 A 輪運送至美國，因 A 輪海員抽煙不慎引起火災，致貨物毀損。請問：
>
> 　一、乙公司對甲貨物之毀損，應否負賠償責任？
>
> 　二、甲與乙之舉證責任應如何分配？
>
> 　三、海商法第六十九條第三款「非由於運送人本人之故意或過失所生之火災」與第十七款「其他非因運送人或船舶所有人本人之故意或過失及非因其代理人、受僱人之過失所致者」有無關聯？

解析

㈠託運人與運送人簽訂運送契約，因運送人之海上履行輔助人 A 輪海員之過失引起火災，致貨物全毀，若運送人已盡海商法第六十二條堪航能力之注意義務及第六十三條之貨物照管義務之前提義務，運送人可依海商法第六十九條第三款「非由於運送人本人之故意或過失所生之火災」，主張免責。

㈡履行輔助人之失火是否包括在海商法第六十九條第三款之內？學說通說認為包括，管見亦認為如此。其理由如下：

　1.海牙規則第四條第二項第二款「失火。但係由於運送人之實際過失或知情者，不在此限。」

　2.貨物一經失火，常生全損性。若非運送人之故意或過失引起，應予免責。

　3.海商法第六十九條第三款之文義。

㈢實務見解則認為海商法第六十九條第三款之「失火」係指非由於運送人自己或其履行輔助人之過失所引起之火災。亦即因運送人自己或其履行輔助人之過失所引起之火災，致貨物毀損，均不可主張免責。（參照最高法院 68 年臺上字第 196 號判例及最高法院 68 年臺上字第 853 號判例）

㈣託運人與運送人之舉證責任如何分配，通說及實務見解均認為應由運送

人證明無過失，方可免責。因現行海商法就運送人與託運人之舉證責任，並無明文，債務不履行之無過失責任，為責任免除之要件，應由債務人舉證；此與侵權行為之無過失責任，應由被害人舉證不同。此外，無過失係指已盡必要之注意，運送人就此舉證，與一般所謂就消極事實舉證者不同。

㈤海商法第六十九條第十七款僅指商業上之過失而言。亦即運送人對於貨物原應依海商法第六十三條負抽象過失之責，惟可依第六十九條第十七款舉證主張免責。亦即第六十九條第一款至第十七款均為列舉規定。火災既於第三款有特別規定，第十七款之規定即不得再適用。此觀察第十七款所稱「其他」非因運送人或船舶所有人本人之故意或過失及非因其代理人、受僱人之過失所致者之規定自明。

結　論

㈠若運送人乙能舉證證明已盡海商法第六十二條堪航能力之注意義務及第六十三條之貨物照管義務之前提義務，則可依據海商法第六十九條第三款，以火災之發生，係由於運送人之履行輔助人之過失所引起，非由於運送人本人之故意或過失所生，就託運人甲貨物之毀損，主張免責。

㈡運送人乙與託運人甲之舉證責任之分配，應由運送人乙證明無過失，方能免責。

㈢海商法第六十九條第三款與第十七款同屬列舉規定，火災免責之事由係規定於第三款；商業上過失之免責事由則規定於第十七款。同時第十七款必須係第一款至第十六款以外之情形，才有適用之餘地。火災免責之事由既已規定於第三款，則不應再適用第十七款。

練習題

㈠運送人之注意責任，有無欠缺，其舉證責任應如何分配？有謂受貨人須證明運送人有過失，否則運送人不負賠償責任。其法律見解是否正確？

㈡海商法第六十九條第一款與第十七款之規定是否相互矛盾？

參考法條

海商法第 62 條

I 運送人或船舶所有人於發航前及發航時，對於下列事項，應為必要之注意及措置：
一 使船舶有安全航行之能力。二 配置船舶相當船員、設備及供應。三 使貨艙、冷藏室及其他供載運貨物部分適合於受載、運送與保存。

II 船舶於發航後因突失航行能力所致之毀損或滅失，運送人不負賠償責任。

III 運送人或船舶所有人為免除前項責任之主張，應負舉證之責。

海商法第 63 條

運送人對於承運貨物之裝載、卸載、搬移、堆存、保管、運送及看守，應為必要之注意及處置。

海商法第 69 條

因下列事由所發生之毀損或滅失，運送人或船舶所有人不負賠償責任：一 船長、海員、引水人或運送人之受僱人，於航行或管理船舶之行為而有過失。二 海上或航路上之危險、災難或意外事故。三 非由於運送人本人之故意或過失所生之火災。四 天災。五 戰爭行為。六 暴動。七 公共敵人之行為。八 有權力者之拘捕、限制或依司法程序之扣押。九 檢疫限制。十 罷工或其他勞動事故。十一 救助或意圖救助海上人命或財產。十二 包裝不固。十三 標誌不足或不符。十四 因貨物之固有瑕疵、品質或特性所致之耗損或其他毀損滅失。十五 貨物所有人、託運人或其代理人、代表人之行為或不行為。十六 船舶雖經注意仍不能發現之隱有瑕疵。十七 其他非因運送人或船舶所有人本人之故意或過失及非因其代理人、受僱人之過失所致者。

最高法院 68 年臺上字第 196 號判例

海商法第一百十三條第三款以失火為運送人之免責事由，係指非由於運送人或其履行輔助人之過失所引起之火災而言。海牙規則（西元一九二四年載貨證券國際統一公約）就此明定為不可歸責於運送人事由所引起之火災，復明文排斥運送人知情或有實際過失所引起火災之適用，且不僅在於火災之引起更及於火災之防止。我國海商法雖未具體規定，然參酌第一百十三條第十七款就運送人對自己或其履行輔助人之過失行為，不包括在免責事由之內，亦即運送人對此仍負其責任，相互比照，自可明瞭。是運送人未盡同法第一百零六條及第一百零七條之注意義務而引起之火災，尚難依失火之免責條款而主張免其責任。

最高法院 68 年臺上字第 853 號判例

海商法第一百零六條第一項各款及第一百零七條，既對於運送人或船舶所有人課以各種必要之注意、措置及處置義務，同法第一百十三條第十七款亦明定，非由於運送人或船舶所有人之故意或重大過失，或其代理人、受僱人之過失所發生之毀損或滅失，運送人或船舶所有人，始不負賠償責任。則同條第三款所謂失火，自難謂包括因運送人等違反上述注意、措置及處置義務所致之失火在內。

甲船自 A 港出發擬往 B 目的港時，偏離原定航道救助遭遇海難之乙船人員及財產。甲船為賺取拖救費用，雖已知悉鄰近之 C 港有充分之拖帶船可供使用，仍將乙船拖帶至 C 港修繕。於拖帶作業中，甲船不慎觸礁致使船上丙之貨物發生毀損。丙向甲請求損害賠償，甲一則以正當偏航為由不予負責；再者以載貨證券上載明「船舶有造訪任何港口之自由權，至於造訪之目的及該港口之地理位置，均非所問。」亦不用負損害賠償責任。丙則引用實務見解，認為「載貨證券係由運送人或船長單方簽名之證券，為單方之意思表示」，故其所載偏航自由條款，應為無效。請附理由說明甲丙之論點是否正確?

解析

㈠在海上貨物運送，運送人須依約將貨物運往目的港。若貨物發生毀損、滅失或遲到時，運送人原則上應負債務不履行之損害賠償責任，除非有海商法上之免責事由。

㈡海商法第六十九條第十一款及第七十一條，均涉及運送人「救助或意圖救助海上人命或財產」之免責規定。惟海商法第六十九條第十一款，學說上認為應於不偏離航道時方可主張。而海商法第七十一條則有關偏航之規定。

㈢運送人依法原有直航之義務。所謂直航，係指按預定航程或習慣航程航行而言。偏航則指不變更發航港及到達港，僅變更航道。所謂航道，係指契約約定之航路或習慣航路。合理偏航，根據海商法第七十一條之規定，係指為救助或意圖救助海上人命、財產或其他正當理由。據此，不合理偏航，係指航程變更超過人命、財產救助目的範圍，或變更航程之目的為裝卸貨物或乘客。

㈣海商法第六十一條規定:「以件貨運送為目的之運送契約或載貨證券記載條款、條件或約定，以減輕或免除運送人或船舶所有人，對於因過失或

本章規定應履行之義務而不履行，致有貨物毀損、滅失或遲到之責任者，其條款、條件或約定不生效力。」此為運送人最低強制責任之規定，件貨運送契約或載貨證券違反此強制責任之規定時，其免責約款無效。

(五)載貨證券上之記載條款，可否拘束載貨證券持有人？茲整理實務及學說見解如下：

1. 實務見解

依據最高法院 64 年臺抗字第 239 號判例及 67 年度第 4 次民事庭庭推總會議決議(二)，認為「載貨證券係由運送人或船長單方簽名之證券，為單方所表示之意思」，故載貨證券上之記載條款，不可拘束載貨證券持有人。

2. 學　說

載貨證券依據海商法第五十三條之規定，雖為運送人或船長單方所簽發，但託運人於收受載貨證券後，如不同意其中約定或雙方協議之條款並未記載於載貨證券時，託運人可要求立刻更正，甚至解除運送契約。如託運人無異議，應認為其已默示同意載貨證券所載之內容。此外，法條雖明文載貨證券由運送人或船長單方簽發，然其實為海運商務演進之偶然結果，不可據此否定其具有拘束雙方當事人之本質。

結　論

(一)甲不符合海商法第七十一條合理偏航之要件，其違反運送契約，應就丙之貨物毀損之部份負責。甲之主張無理由。

(二)丙於收受載貨證券後，如無異議，應認為已默示接受該條款，甲丙雙方均應受載貨證券記載之拘束。但甲丙在載貨證券上所載之偏航自由條款，係在免除運送人依海商法所應負之直航義務。此免責約定，依海商法第六十一條之規定，應為無效。

練習題

(一)環宇貿易股份有限公司外銷業務興盛，惟受中東戰火波及，外銷該地區

之業務偶有困難。現環宇貿易股份有限公司外銷中東監視器一批，分裝六百紙箱，每箱單價五百美元，匯率設為三十比一，裝上海豐公司之海豐王子輪。啟航以後，該輪為躲避兩伊高升之海上戰火，乃決定繞道他港，航行中由於疏忽，不幸觸及漂流水雷，船身被炸，大量進水，雖經努力救助，二日後仍不幸沉沒。公司貨品中幸有一百箱獲救，輾轉他港，遲於半年後始抵達目的港，損失不貲。今該公司向海豐公司索賠被拒，訴之於法。試分析本案之法律關係，並試問索賠能否成功？

參考法條

海商法第 53 條

運送人或船長於貨物裝載後，因託運人之請求，應發給載貨證券。

海商法第 61 條

以件貨運送為目的之運送契約或載貨證券記載條款、條件或約定，以減輕或免除運送人或船舶所有人，對於因過失或本章規定應履行之義務而不履行，致有貨物毀損、滅失或遲到之責任者，其條款、條件或約定不生效力。

海商法第 69 條

因下列事由所發生之毀損或滅失，運送人或船舶所有人不負賠償責任：一　船長、海員、引水人或運送人之受僱人，於航行或管理船舶之行為而有過失。二　海上或航路上之危險、災難或意外事故。三　非由於運送人本人之故意或過失所生之火災。四　天災。五　戰爭行為。六　暴動。七　公共敵人之行為。八　有權力者之拘捕、限制或依司法程序之扣押。九　檢疫限制。十　罷工或其他勞動事故。十一　救助或意圖救助海上人命或財產。十二　包裝不固。十三　標誌不足或不符。十四　因貨物之固有瑕疵、品質或特性所致之耗損或其他毀損滅失。十五　貨物所有人、託運人或其代理人、代表人之行為或不行為。十六　船舶雖經注意仍不能發現之隱有瑕疵。十七　其他非因運送人或船舶所有人本人之故意或過失及非因其代理人、受僱人之過失所致者。

海商法第 71 條

為救助或意圖救助海上人命、財產，或因其他正當理由偏航者，不得認為違反運送契約，其因而發生毀損或滅失時，船舶所有人或運送人不負賠償責任。

最高法院 64 年臺抗字第 239 號判例

商務仲裁條例第三條雖明定：「仲裁契約如一造不遵守而另行提起訴訟時，他造得據以請求法院駁回原告之訴」，惟必須先以書面依商務仲裁條例訂立仲裁契約由當事人簽名，始為相當，否則不生效力。載貨證券係由運送人或船長簽名之證券，難謂係當事人雙方簽訂書面之商務仲裁契約，自無依該證券之記載而主張適用商務仲裁條例第三條之餘地。

最高法院 67 年度第 4 次民事庭庭推總會議決議㈡

載貨證券附記「就貨運糾紛應適用美國法」之文句，乃單方所表示之意思，不能認係雙方當事人之約定，尚無涉外民事法律適用法第六條第一項之適用。又依該條第二項「當事人意思不明時，同國籍者依其本國法」之規定，保險公司代位受貨人憑載貨證券向運送人行使權利，受貨人與運送人雙方均為中國人，自應適用中國法。託運人在本事件訴訟標的之法律關係中並非當事人，其準據法之確定，要不受託運人不同國籍之影響。

甲與乙託運人各就其相同貨物，各裝一貨櫃，交由運送人丙之 A 船（非貨櫃輪）運送，以同一運費運至同一目的港。丙將甲之貨櫃置於甲板上，將乙之貨櫃裝於甲板下，並簽發載貨證券，分別由甲及乙持有。甲之載貨證券上未載明「甲板裝載」(on deck) 之文句。航運途中遭遇暴風雨，甲之貨櫃被沖入海中滅失，但乙之貨櫃因在甲板下艙內，安然未受損。請回答下列問題：

一、我國海商法就甲板運送如何規定？

二、運送人丙就甲之貨櫃與乙之貨櫃裝置是否公平？是否有違我國海商法之規定？

三、若 A 船為貨櫃輪，運送人丙之責任如何？

解析

㈠我國海商法就甲板運送之規定，根據海商法第七十三條之規定係指：「運送人或船長如將貨物裝載於甲板上，致生毀損或滅失時，應負賠償責任。但經託運人之同意並載明於運送契約或航運種類或商業習慣所許者，不在此限。」亦即我國海商法對於甲板運送，原則上係採禁止，例外經託運人之同意並載明於運送契約或航運種類或商業習慣允許時，方可甲板運送。故一般甲板運送因違反海商法第七十三條之規定，為不合法之甲板運送。

㈡運送人就託運人之貨櫃置於甲板上，而載貨證券上未載明「甲板裝載」(on deck) 之文句，故無法推認託運人同意將貨物裝載於甲板上。又運送船舶為非貨櫃輪，非貨櫃輪之甲板運送，亦不符合航運種類或商業習慣所許之運送方式。

㈢兩託運人若所託運之貨物相同，所付之運費與目的港亦同時，運送人若將二託運人之貨櫃分置於甲板上及甲板下時，其抗拒海上危險能力不同，顯然對託運人之貨櫃裝置不公平。運送人對於違法之甲板運送，係違反

我國海商法第七十三條之規定。

㈣若 A 船為貨櫃輪，依 1993 年信用狀統一慣例第三十一條之修正，讓貨櫃輪在構造上，設計可將貨櫃裝載於甲板上，運送人不可能將甲板上裝載之空間閒置不用，亦無須向託運人保證其貨載必定裝載於甲板下。未經託運人同意而將其貨櫃裝載於甲板上時，可否認為新航運種類或商業習慣所許者，學說見解不同，茲說明如下：

1. 肯定說

貨櫃輪之甲板運送，應屬「航運種類所許」之合法甲板運送，如此解釋，方不致使運送人負過重之損害賠償責任，且運送人依據海商法第六十三條之規定，仍應負貨物之照管義務，對託運人仍無不利之情形。

2. 否定說

貨櫃裝載於甲板上，其抗拒海上危險之程度，與裝載在船艙內之貨櫃相較仍有相當差異。未經託運人同意之貨櫃輪甲板運送，不得認為新航運種類或商業習慣所許。

3. 折衷說

應區分為全貨櫃輪或非全貨櫃輪而有不同評價，在全貨櫃輪之甲板運送，應推定已經託運人之同意；在非全貨櫃輪之甲板運送，則須經託運人之同意才可合法化其運送。

以上三說，管見以為否定說對運送人責任過於嚴苛，且忽視現行航運之現狀，而折衷說以全貨櫃輪或非全貨櫃輪而有不同評價，亦未見其區分之有力證據，故應以肯定說為宜。

結論

㈠我國海商法就甲板運送係規定於海商法第七十三條。

㈡運送人丙就甲乙託運人在相同條件下，為不同之處置方式，顯然不公平。丙對甲之貨櫃，未經甲之同意，將其裝載於甲板上，係屬違法之甲板運送，違反我國海商法第七十三條之規定。

㈢若 A 船為貨櫃輪，應認為海商法第七十三條但書規定之「航運種類所

許」，若運送人丙已盡海商法第六十三條之照管義務，而甲之貨櫃仍落海滅失時，丙不須負損害賠償責任。

練習題

㈠受貨人甲主張，其自印尼進口原木三千根，由運送人乙所屬之貨輪承運，其中三百根價值新臺幣三百萬元，係裝載於甲板上，因捆紮欠牢，致滾落海中滅失。甲起訴請求運送人乙賠償，乙對甲主張之事實不爭執，惟以係經託運人甲之同意，將系爭原木裝載於甲板上。有載貨證券記明可證，依法應不負賠償責任。法院應如何判決？

參考法條

海商法第 73 條

運送人或船長如將貨物裝載於甲板上，致生毀損或滅失時，應負賠償責任。但經託運人之同意並載明於運送契約或航運種類或商業習慣所許者，不在此限。

　　甲將貨物一批交由海運公司乙、丙、丁連續運送，由乙公司簽發一份包括全程之載貨證券，由乙、丙、丁三公司相繼運送，將貨物運至目的地，但載貨證券僅載明乙、丙、丁三公司僅就自己運送階段負責。貨物在丙運送途中，因丙之海員保管不善致貨物發生毀損，載貨證券持有人戊向乙請求賠償。請問：

一、乙主張貨物之毀損非發生在其負責之運送階段，渠不負賠償責任，有無理由？

二、如乙、丙、丁係共同與甲簽訂運送契約，分階段運送，但共同簽發一份包括全程之載貨證券，其結果是否不同？

解析

㈠聯營運送契約，亦稱連續運送契約、共同聯營運送契約，係指數運送人共同約定，由第一運送人代理全體運送人發行載貨證券，而由各運送人利用船舶實施運送，而於目的港交付貨物，以完成運送之運送契約。

㈡聯營運送契約，對載貨證券發給人之效力有二：

1.證券之發給人，對於依載貨證券所記載應為之行為，均應負責（海商法第七十四條第一項）。載貨證券之發給人，依海商法第六十條第一項準用民法第六百二十七條之規定，本應依載貨證券之文義負責，海商法第七十四條第一項之規定，僅是再度重申此規定而已。

2.載貨證券之發給人，對於貨物之各連續運送人之行為，應負保證之責（海商法第七十四條第二項）。亦即載貨證券之發給人，應就整個運送航程所生之毀損、滅失及遲到負責。此之所謂「應負保證之責」，即指應予負責而言，且為法定之保證責任，當事人不得以特約減輕或免除其保證責任，否則即屬違反海商法第六十一條之規定，而不生效力。又此之所謂保證，既為法定保證，與民法第七百三十九條之保證契約不同，並無保證人先訴抗辯權之適用。

㈢聯營運送契約對各連續運送人之效力：

此之所謂「連續運送人」，係指非簽發載貨證券之第一運送人，在全部航程中，利用船舶，相繼分段負擔運送工作之各運送人而言。依據海商法第七十四條第二項之規定，各連續運送人，僅對於自己航程中所生之毀損滅失及遲到負責。亦即各連續運送人對託運人不直接負其責任，以保障運送人之利益。

㈣聯營運送契約對各連續運送人相互間之效力：

依據海商法第七十四條第二項之規定，各連續運送人，僅對於自己航程中所生之毀損滅失及遲到負其責任。各連續運送人各別負其責任，有別於陸上運送人之連帶責任，其所負責任為分割責任。亦即海商法第七十四條第二項但書，係民法第六百三十七條：「運送物由數運送人相繼運送者，除其中有能證明無第六百三十五條所規定之責任者外，對於運送物之喪失、毀損或遲到，應連帶負責。」之特別規定。因海上運送危險性高，立法者為減輕運送人之責任，乃規定各連續運送人僅就自己航程中所生之毀損滅失及遲到負責。

㈤共同運送契約，係指數運送人基於共同負責全程運送之意思，分階段運送，共同與託運人簽訂運送契約，並共同簽發一份包括全程之載貨證券。共同運送契約中各運送人之地位如何？學說之見解不同，茲說明如下：

1. 甲說

共同運送契約性質上屬於我國海商法第七十四條第二項所稱之聯營運送，第一運送人就其他聯營運送人之行為，仍負法定保證責任；其他運送人則就自己實施之運送航程內負責。

2. 乙說

共同運送契約中運送人之內部關係，可依各運送人自由約定，但在對外關係上，各聯營運送人既均為載貨證券之發給人，自應就運送全程負全部責任，且全體運送人須對託運人負連帶責任，不適用海商法第七十四條第二項之規定。此為多數說。

3. 管見

在共同運送契約中，因係由所有之運送人共同簽發一份包括全程之載貨證券，根據海商法第七十四條第一項之規定，各聯營運送人既均為載貨證券之發給人，對於依載貨證券所記載應為之行為，均應負責，故個人以為乙說可採。

結論

(一)甲將貨物一批交由海運公司乙、丙、丁連續運送，由乙公司簽發一份包括全程之載貨證券，由乙、丙、丁三公司相繼運送，將貨物運至目的地。甲與乙丙丁所簽之契約為聯營運送契約。在聯營運送契約中，乙為載貨證券之發給人，依據海商法第七十四條第二項之規定，對於貨物之各連續運送人之行為，負保證之責。此為法定保證責任，不得特約減輕或免除，否則依海商法第六十一條之規定，特約不生效力。本題中，乙於契約中約定僅對自己航程負責，即違反海商法第六十一條之規定，其特約應認為無效。亦即乙仍應負法定保證之責，不得主張貨物之毀損非發生在其運送階段，而主張免責。

(二)乙丙丁共同與甲簽訂運送契約，分階段運送，但共同簽發一份包括全程之載貨證券，則甲乙丙丁所簽訂之契約為共同運送契約。共同運送契約各運送人之責任，依據海商法第七十四條第一項之規定，載貨證券之發給人，對於依載貨證券所記載應為之行為，均應負責。乙丙丁既為載貨證券之共同發給人，對於運送之全程，自應負連帶責任。

練習題

(一)聯營運送契約與共同運送契約有何不同?各運送人負責之方式有無不同?

(二)聯營運送契約中，載貨證券之發給人之保證責任，有無民法第七百四十五條先訴抗辯權之適用? 其理由為何?

(三)在海商法聯營運送與民法之連續運送，各運送人所負之責任有何不同?

參考法條

海商法第 60 條第 1 項

民法第六百二十七條至第六百三十條關於提單之規定，於載貨證券準用之。

民法第 61 條

財團設立時，應登記之事項如左：一　目的。二　名稱。三　主事務所及分事務所。四　財產之總額。五　受許可之年、月、日。六　董事之姓名及住所。設有監察人者，其姓名及住所。七　定有代表法人之董事者，其姓名。八　定有存立時期者，其時期。財團之登記，由董事向其主事務所及分事務所所在地之主管機關行之。並應附具捐助章程或遺囑備案。

海商法第 74 條

I 載貨證券之發給人，對於依載貨證券所記載應為之行為，均應負責。

II 前項發給人，對於貨物之各連續運送人之行為，應負保證之責。但各連續運送人，僅對於自己航程中所生之毀損滅失及遲到負其責任。

民法第 627 條

提單填發後，運送人與提單持有人間，關於運送事項，依其提單之記載。

甲貿易商出口發電機一套，交由乙公司所屬 A 輪以 C.Y. 方式裝入貨櫃，運往香港，由丙保險公司承保海上貨運險。貨抵香港後，乙公司以拖車將貨拖往集散場時，因車行超速而翻覆，致貨物嚴重毀損，不堪使用，經丙公司賠償受貨人一百萬元後，向乙公司索賠。請問：

一、乙公司主張本件貨物由託運人自行裝櫃，其載貨證券未證明其價值，運送人之賠償責任，以不超過特別提款權六六六‧六七單位為限，有無理由？

二、載貨證券記明貨物卸載後、交付前之毀損滅失，除由運送人之故意或重大過失所致者外，運送人不負賠償責任，此記載之效力如何？

解析

㈠貨櫃運送之意義，係指將貨物裝入一定規格之大型容器，而後由運送人利用陸上、海上或空中運輸工具，將貨物由託運人門口，直接送達受貨人門口之運送方式。亦即可將貨物運送至目的地，門口至門口能一貫加以運輸之方式 (door to door)。

㈡貨櫃運送方式：依國際海上運送慣例，貨櫃運送人接受貨物方式有下列各項：

1. C.F.S. (container freight station) 方式

係由託運人自行僱用卡車將貨物運至運送人貨櫃場，經海關駐貨櫃場人員驗關後，由運送人裝入貨櫃，再裝船運送。故運費欄須註明收取裝載費。

2. C.Y. (container yard) 方式

係由託運人自行僱用貨櫃車，將貨櫃拖至託運人之倉庫或製造商之工廠，由託運人自行僱用工人將貨物裝入貨櫃加貼封條，拖至貨櫃廠，經海關駐貨櫃場人員驗關再加封條，始交運送。運送人對裝載並不負

責，故運費欄中不加收裝載費，而記載由託運人自裝自計。

3.其他方式

如 F.C.L. (full container load) 整裝貨櫃，與 L.C.L. (less than container load) 拼裝貨櫃，而責任取決於 C.Y. 或 C.F.S. 而定。

㈢貨櫃運送之性質：

關於貨櫃之性質，向有以下各說：

1.包裝說

此說認為貨櫃係貨物包裝之一種。

2.船舶之部份說

此說認為貨櫃為船舶之部份，當貨櫃離開船舶時，則為船艙之延長。因依船舶法第五十條第十五款「海上運送之貨櫃及其固定設備，為本法所稱之船舶設備」及海商法第七條「除給養品外，凡於航行上及營業上必需之一切設備及屬具，皆視為船舶之一部。」

3.託運物說

此說認為貨櫃為託運物。因依漢堡規則第六條第二項第二款之規定：「運送容器滅失或毀損時，如該運送容器非運送人所有或其所提供，該運送容器本身亦視作一獨立之裝船單位。」

4.運輸容器說

此說認為貨櫃為運輸容器。因依海牙威士比規則第二條第三項之規定：「為固定貨物而使用貨櫃、貨架或類似之運送容器時，載貨證券內所列裝在此等運送容器內之件數或單位之數目，應視為本章所指之件數或單位之數目，但如約定上述之運送容器為件數或單位時，不在此限。」

以上各說，管見以為應視貨櫃運送人接受貨物之方式而定。在 C.F.S. 方式，貨櫃係由運送人提供，應採船舶之部份說。在 C.Y. 方式，貨櫃係由託運人提供，應認為託運物。

㈣運送人之責任期間，按運送人自貨物收受時起至交付時止，為運送人之責任期間。此段期間，可分為以下三階段：

1.貨物待運期間

運送人自貨物收受時起至貨物裝載時止，為貨物之待運期間。

2.貨物在船期間

貨物自運送人裝載入船時起至卸載離船時止，為貨物之在船期間。

3.貨物待交期間

貨物自運送人卸載離船時起至貨物交付受貨人時止，為貨物之待交期間。

運送人之強制責任期間外之責任期間，運送人在不違反民法第二百二十二條之前提下，得以特約之方式減輕或免除其責任。

㈤在運送人之責任期間中，其強制責任期間為何？茲整理如下：

1.海牙規則

認強制責任期間自貨物裝載至貨物卸載之期間。而所謂裝載、卸載之時點，在美國發展出「鉤對鉤原則」。其以船舶對貨物有無支配力而加以決定，亦即視裝卸工具在岸邊或船舶上加以決定。

2.漢堡規則

認強制責任期間自運送人收受貨物時起至交付貨物時止。亦即漢堡規則之適用期間，已由港口至港口，擴大到內陸交貨至受貨。

3.國內學說

⑴單一說

此說認為強制責任期間適用於運送人所有之責任期間。惟在貨物待運及待交期間，當事人可特約減免其責任；若未有約定時，則仍依海商法之規定加以適用。其理由有三：

a.漢堡規則採單一說。

b.除複合運送外，海運實務上鮮少就同一運送契約，分別就海上及陸上之運送人責任，訂立不同之條款；且探討當事人之真意，亦以單一意思表示，成立單一運送契約，而非分割為海上及陸上。

c.若採分割說，對於損害究竟發生於海上或陸上，舉證困難。

⑵分割說

此說認為強制責任期間僅適用於貨物在船期間。至於貨物待運及待

交期間，則非屬強制責任期間，應適用民法相關之規定。其認為裝載前或卸載後之運送，係屬另一陸上運送約定，應適用民法有關陸上運送之規定，與海上運送無關。

4. 國內實務

國內實務有採單一說（最高法院 77 年臺上字第 1963 號判決），惟多數實務見解仍採分割說（最高法院 64 年臺上字第 2892 號判決、最高法院 67 年臺上字第 2821 號判決、最高法院 79 年臺上字第 1603 號判決）。

5. 管　見

我國現行海商法雖未明文規定強制責任之期間，然管見以為應採分割說為宜。其理由如下：

(1) 海商法在民國八十八年修正時，修法原則主要係參照海牙規則，僅少數參照漢堡規則（如第七十條第三項後段、第七十八條等），而海牙規則對於運送人強制責任期間，係採分割說。

(2) 再依舊海商法第九十三條第三項之規定得知，其對運送人之強制責任期間，係採貨物在船期間。現行海商法雖將之刪除，主要係針對原條文之「卸載之貨物離船時，運送人或船長解除其運送責任」，因卸載之貨物離船時，運送人或船長並不當然解除其運送責任。亦即從貨物裝載上船時起至卸載離船時止，運送人應負海上運送強制責任，依海商法第六十一條有免責約款禁止規定之適用。

(3) 此外，再就海商法第六十一條及第七十五條之規定觀察，亦應採分割說為宜。依據海商法第七十五條第一項規定：「連續運送同時涉及海上運送及其他方法之運送者，其海上運送部分適用本法之規定」，亦即僅海上運送部份適用海商法之規定，其他方法之運送，仍視其為公路運送、鐵路運送或航空運送，而分別適用公路法、鐵路法、及民用航空法之規定。

至於貨物在「商港區」內之期間，依據海商法第七十六條之規定：「I 本節有關運送人因貨物滅失、毀損或遲到對託運人或其他第三人所得

主張之抗辯及責任限制之規定，對運送人之代理人或受僱人亦得主張
之。但經證明貨物之滅失、毀損或遲到，係因代理人或受僱人故意或
重大過失所致者，不在此限。II 前項之規定，對從事商港區域內之裝
卸、搬運、保管、看守、儲存、理貨、穩固、墊艙者，亦適用之。」可
知在商港區域內之運送人之獨立履行輔助人，仍得主張運送人所得主
張之抗辯及責任限制之規定，故運送人在商港區域內，仍應負海商法
所規定之責任，但不代表運送人在商港區域內，仍負運送人之強制責
任。

另外，貨物之待運及待交期間，運送人對於貨物仍應盡海商法第六十
三條之照管義務，但此並非強制責任之範圍，亦即無海商法第六十一
條之適用。然運送人若有故意或重大過失時，仍應依民法第二百二十
二條之規定負責。

㈥貨物卸載後交付前而又未在商港區域內之陸運階段，運送人之運送責任
如何？若採單一說，則應適用海商法，而依海商法第七十條第二項單位
責任限制之規定，再進一步探討 C.Y. 方式下如何計算其件數。若採分割
說，貨物卸載後交付前之陸運階段，則應適用民法，再依民法第六百三
十四條之規定，運送人應負無過失責任，自無海商法第七十條第二項單
位責任限制之主張問題。

結論

㈠本件毀損發生於陸運階段，在採分割說之見解下，應適用民法相關之規
定。亦即乙公司就車行超速翻覆致貨物嚴重毀損之部份，乙公司應依民
法第六百三十四條之規定，負無過失責任，無海商法單位責任限制之主
張問題。故乙公司之主張無理由。

㈡在採分割說之見解下，貨物之待運及待交期間，運送人對於貨物仍應盡
海商法第六十三條之照管義務，但此並非強制責任之範圍，亦即無海商
法第六十一條之適用。然運送人若有故意或重大過失時，仍應依民法第
二百二十二條之規定負責。而本案中之載貨證券所記明免除者，乃貨物

在待交期間之毀損滅失，除由運送人之故意或重大過失所致者外，運送人不負賠償責任，此項免除，並未違反民法第二百二十二條之規定，故此記載有效。

練習題

㈠船舶之貨物卸載離船後至交付前運送人之責任如何？

㈡海上運送單一說與分割說之意義為何？ 相同點為何？ 相異點為何？

參考法條

海商法第 7 條

除給養品外，凡於航行上或營業上必需之一切設備及屬具，皆視為船舶之一部。

海商法第 61 條

以件貨運送為目的之運送契約或載貨證券記載條款、條件或約定，以減輕或免除運送人或船舶所有人，對於因過失或本章規定應履行之義務而不履行，致有貨物毀損、滅失或遲到之責任者，其條款、條件或約定不生效力。

海商法第 70 條第 2 項

除貨物之性質及價值於裝載前，已經託運人聲明並註明於載貨證券者外，運送人或船舶所有人對於貨物之毀損滅失，其賠償責任，以每件特別提款權六六六‧六七單位或每公斤特別提款權二單位計算所得之金額，兩者較高者為限。

海商法第 75 條第 1 項

連續運送同時涉及海上運送及其他方法之運送者，其海上運送部分適用本法之規定。

海商法第 76 條

I 本節有關運送人因貨物滅失、毀損或遲到對託運人或其他第三人所得主張之抗辯及責任限制之規定，對運送人之代理人或受僱人亦得主張之。但經證明貨物之滅失、毀損或遲到，係因代理人或受僱人故意或重大過失所致者，不在此限。

II 前項之規定，對從事商港區域內之裝卸、搬運、保管、看守、儲存、理貨、穩固、墊艙者，亦適用之。

船舶法第 50 條

本法所稱船舶設備，係指左列各款而言：一　救生設備。二　救火設備。三　燈光、

音號及旗號設備。四　航行儀器設備。五　無線電信設備。六　居住及康樂設備。七　衛生及醫藥設備。八　通風設備。九　冷藏設備。十　貨物裝卸設備。十一　排水設備。十二　操舵、起錨及繫船設備。十三　帆裝、纜索設備。十四　危險品及大量散裝貨物之裝載儲藏設備。十五　海上運送之貨櫃及其固定設備。十六　依法令應配備之其他設備。

民法第 222 條

故意或重大過失之責任，不得預先免除。

民法第 634 條

運送人對於運送物之喪失、毀損或遲到，應負責任。但運送人能證明其喪失、毀損或遲到，係因不可抗力或因運送物之性質或因託運人或受貨人之過失而致者，不在此限。

最高法院 64 年臺上字第 2892 號判決

〔卸載貨物離船後交付受貨人受領前所生之損害，運送人於已盡必要之注意後，不負賠償責任〕中國航運公司於同月七日將切換機進倉（A 倉），而 A 倉失火則係同月九日之事，上訴人未能在六日及八日完成提貨，以致倉庫失火而延及切換機，自非運送人始料所及，且其係因該公司五堵集散站進口倉擁擠，經呈請基隆關核准進貨 A 倉，切換機於存倉期間，其保管義務屬於倉庫營業人，是該公司已盡必要之注意，而無過失，上訴人就火災所致切換機燒燬，而生之一切損害，求償於公司，尚難謂合。

最高法院 67 年臺上字第 2821 號判決

〔貨物於卸船進倉後發生之損失應適用民法上之規定〕按海商法上關於貨物運送之毀損或滅失，係指貨物在裝卸運送之間所發生者而言。貨物已由船舶運至目的地，卸入倉庫後所生之毀損或滅失，則屬民法上倉庫或寄託上事，與海商法無關。此就海商法貨物運送，及民法上倉庫、寄託有關毀損或滅失各規定觀之自明。

最高法院 77 年臺上字第 1963 號判決

按貨物卸載後寄倉之場合，究以進倉之時視為貨物交付之時，或以受貨人（或其受任人）實際領取貨物之時，始為貨物交付之時，應視該倉庫之法律地位而定。關於倉庫之法律地位，海商法並無明文規定，惟依法理，倘倉庫為運送人所有者，此時之倉庫應視為船舶之延長，貨物之進倉尚不得視為貨物之交付，貨物必須俟受貨人（或其受任人）實際為領受時，始得認為交付，故未交付前，運送人對於承運貨物，仍應負海商法第一百零七條所定應為必要之注意及處置之義務；如貨物之寄倉係依受貨人（或其受任人）之指示者，此時之倉庫應視為受貨人之代理人，貨物於進倉

寄存之時,即已發生交付之效力,貨物寄倉期間之危險,自當由受貨人負擔;又如貨物之寄倉係根據當地法令之規定時,貨物寄倉中之危險,亦應由受貨人負擔之,亦即此時之倉庫,應視為受貨人之代理人,而非船舶之延長。

最高法院 79 年臺上字第 1603 號判決

海商法第一百十三條第十七款規定海上運送人之責任係採推定過失責任主義;第一百十四條第二項規定,除貨物之性質,價值於裝載前已經託運人聲明,並註明於載貨證券者外,運送人或船舶所有人對於貨物之毀損、滅失,其賠償責任,以每件不超過(銀元)三千元為限,即所謂「單位責任限制」,係因海上運送之投資甚鉅而危險性大,風險不可預測,但海上運送為發展國際貿易所不可欠缺,為鼓勵投資,發展海運,始經立法,特別規定減輕海上運送人之責任。惟貨櫃運送至目的港卸船後,必須另以拖車拖運至貨櫃集散站堆存,等待驗關及交貨,此陸上拖運過程,為海上運送人及託運人所共識,並為眾所週知之事實,駕駛員在陸上駕駛拖車拖運貨櫃,與以船舶運送貨櫃之風險,截然不同,此段陸上運送責任,如仍適用海商法規定採推定過失責任主義及賠償單位責任限制,減輕運送人之責任,實欠公平,應非立法之本意。海商法第九十三條第三項規定,卸載之貨物離船時,運送人或船長解除其運送責任,可知上開減輕海上運送人責任之規定,應僅適用於船舶海運及卸載過程中所發生之事故,不及於陸上發生者。貨櫃用拖車由碼頭卸船,拖運至貨櫃集散站之過程,應屬另一陸上運送之約定,附合成為海上運送契約之一部分,在此陸上運送過程發生之貨損,不能認為係單純海上運送契約本身之履行問題而應適用民法有關陸上運送之規定,與海上運送無涉,亦無優先適用海商法問題。

貨櫃運送件數之計算、責任及陸上履行輔助人之賠
償責任

> 　　德商將出售於臺灣進口商甲公司之 **100** 箱機器,以租得之 **5** 個貨櫃,
> 交由乙海運公司運送。載貨證券上記載: **5** 個貨櫃各裝有 **20** 箱機器。運
> 送至基隆港卸貨後,交由丙裝卸公司處理。丙不慎將其中 **3** 個貨櫃於碼
> 頭上遺失。其餘二貨櫃於開櫃後發現其中一貨櫃內之機器全損,應歸由
> 乙海運公司負責。試問: 就甲公司之損失,依我國海商法之規定:
> 一、海運公司乙應負何責任? 賠償幾件? 金額如何計算?
> 二、裝卸公司丙應負何責任? 如何賠償? 金額多少?

解析

㈠運送人於簽發載貨證券後,依據海商法第七十四條第一項之規定,載貨
　證券之發給人,對於依載貨證券所記載應為之行為,均應負責。

㈡貨物件數之計算,如以貨櫃、墊板或其他方式併裝運送時,依據海商法
　第七十條第三項之規定,應以載貨證券所載其內之包裝單位為件數。其
　使用之貨櫃係由託運人提供者,貨櫃本身得作為一件計算。

㈢運送人卸貨後,因裝卸公司之疏失,造成貨物之遺失,運送人是否須負
　責,學說見解不同,管見以為: 貨物須經有受領權利人受領,方能推定
　運送人已依照載貨證券之記載,交清貨物 (海商法第五十六條第一項)。
　運送人僅卸載貨物,尚未經受領權利人受領,裝卸公司又為運送人之獨
　立性履行輔助人,運送人與託運人雙方就陸上裝卸階段亦無免責之約定,
　故運送人仍須負責。

㈣運送人賠償責任範圍之計算,根據海商法第七十條之規定,其方式有三:

　1.託運人於託運時,故意虛報貨物之性質或價值,運送人或船舶所有人
　　對於其貨物之毀損或滅失,不負賠償責任。

　2.貨物裝載前,託運人並未聲明並註明於載貨證券有關貨物之性質及價
　　值,運送人或船舶所有人對於貨物之毀損、滅失,其賠償責任,以每

件特別提款權 666.67 單位，或每公斤特別提款權 2 單位計算所得之金額，兩者較高者為限。

3.貨物裝載前,託運人已聲明並註明於載貨證券有關貨物之性質及價值，運送人或船舶所有人對貨物之毀損、滅失，其賠償責任，需照載貨證券上所記載之價值賠償。

㈤裝卸公司與託運人並無運送契約關係或載貨證券關係，因裝卸公司之疏失，造成託運人之損害，託運人僅得依民法第一百八十四條第一項侵權行為之規定，向裝卸公司主張損害賠償。

㈥侵權行為之損害賠償範圍，民法第二百十六條原有明文，惟因海商法第七十六條第二項規定，運送人因貨物滅失、毀損或遲到，對託運人或其他第三人所得主張之抗辯及責任限制之規定,對從事商港區域內之裝卸、搬運、保管、看守、儲存、理貨、穩固、墊艙者，亦適用之。故裝卸公司亦得主張海商法第七十條第二項之單位責任限制。

結論

㈠運送人乙就獨立性履行輔助人丙裝卸公司之過失，造成甲之損害應予負責。負責之件數，根據海商法第七十條第三項之規定，為三個遺失之貨櫃內各二十箱機器，及另一個機器全損之貨櫃內二十箱機器，及三個貨櫃，共計八十三件。其賠償額度，則依據海商法第七十條第二項之規定，加以計算。

㈡臺灣進口商甲公司可依民法第一百八十四條第一項之規定，向丙裝卸公司主張侵權行為之損害賠償責任，惟丙可依海商法第七十六條第二項之規定，主張海商法第七十條第二項之單位責任限制。

練習題

㈠「喜馬拉雅條款」係為何問題之解決？我國海商法有何相關及擴大之規定？試析之。

⬤ 參考法條

海商法第 56 條第 1 項

　　貨物一經有受領權利人受領，推定運送人已依照載貨證券之記載，交清貨物。但有下列情事之一者，不在此限：一　提貨前或當時，受領權利人已將毀損滅失情形，以書面通知運送人者。二　提貨前或當時，毀損滅失經共同檢定，作成公證報告書者。三　毀損滅失不顯著而於提貨後三日內，以書面通知運送人者。四　在收貨證件上註明毀損或滅失者。

海商法第 70 條

I 託運人於託運時故意虛報貨物之性質或價值，運送人或船舶所有人對於其貨物之毀損或滅失，不負賠償責任。

II 除貨物之性質及價值於裝載前，已經託運人聲明並註明於載貨證券者外，運送人或船舶所有人對於貨物之毀損滅失，其賠償責任，以每件特別提款權六六六‧六七單位或每公斤特別提款權二單位計算所得之金額，兩者較高者為限。

III 前項所稱件數，係指貨物託運之包裝單位。其以貨櫃、墊板或其他方式併裝運送者，應以載貨證券所載其內之包裝單位為件數。但載貨證券未經載明者，以併裝單位為件數。其使用之貨櫃係由託運人提供者，貨櫃本身得作為一件計算。

IV 由於運送人或船舶所有人之故意或重大過失所發生之毀損或滅失，運送人或船舶所有人不得主張第二項單位限制責任之利益。

海商法第 74 條第 1 項

　　載貨證券之發給人，對於依載貨證券所記載應為之行為，均應負責。

海商法第 76 條

I 本節有關運送人因貨物滅失、毀損或遲到對託運人或其他第三人所得主張之抗辯及責任限制之規定，對運送人之代理人或受僱人亦得主張之。但經證明貨物之滅失、毀損或遲到，係因代理人或受僱人故意或重大過失所致者，不在此限。

II 前項之規定，對從事商港區域內之裝卸、搬運、保管、看守、儲存、理貨、穩固、墊艙者，亦適用之。

我國進口商甲，在法國購得貨物一批，又租兩個貨櫃供裝運。甲並在法國與運送人乙訂立運送契約。運送人乙在法國有主營業所。航行途中遭遇風浪，該二貨櫃被沖入海中滅失，應由運送人負損害賠償責任。該載貨證券記載內容：「裝貨港為馬賽，卸貨港為基隆」；「貨物裝於二貨櫃，各貨櫃四項機器；全部重四千公斤」；「訴訟管轄及準據法條款：以營業人之主事務所所在地為爭議訴訟地。應適用法國法」。試回答下列問題：

一、若甲在我國法院向乙起訴，依我國海商法之規定，貨物損害賠償，應以幾件計算？合計多少金額？甲為如何之主張，對其賠償最為有利？

二、甲在我國法院起訴，我國海商法就法律適用有何規定？法國法準據法條款之效力如何？試評析我國海商法對此之規定？

三、就我國及比較海商法之規定，載貨證券有外國管轄條款之規定，甲得否於我國法院起訴？甲尚可能選擇哪些地點對乙起訴？

解析

㈠進口商（託運人）與運送人訂立運送契約，並由託運人提供貨櫃，運送途中，二貨櫃被沖入海中滅失，以致貨物發生毀損滅失，應由運送人對託運人負損害賠償責任。

㈡貨物發生毀損滅失，而應由運送人負損害賠償責任時，依據我國海商法第七十條第二項之規定，除貨物之性質及價值於裝載前已經託運人聲明並註明於載貨證券者外，運送人或船舶所有人對於貨物之毀損滅失，其賠償責任，以每件特別提款權 666.67 單位或每公斤特別提款權 2 單位計算所得之金額，兩者較高者為限。為單位責任限制之主張，須貨物之毀損或滅失，非由於運送人本人或船舶所有人之故意或重大過失所致（海

商法第七十條第四項)。

㈢貨櫃併裝運送,依據海商法第七十條第三項之規定,應以載貨證券所載其內之包裝單位為件數。使用之貨櫃,係由託運人提供者,貨櫃本身得作為一件計算。

㈣本案之最高賠償金額,若以貨物件數計算,係 2(貨櫃)×4(機器)×666.67 SDR=5333.36SDR;而以公斤計算,係 4000×2SDR=8000SDR,故以公斤方式計算之金額較高,依法應以較高者為限,即 8000SDR 為限。

㈤本案中之貨櫃二個發生滅失,運送人對貨櫃之賠償額度為 2(貨櫃)× 666.67SDR=1333.34SDR。

㈥本案中運送人對於貨物之毀損或滅失,並無故意或重大過失,運送人根據海商法第七十條第二項及第四項之規定,可主張賠償責任限制總額為 8000SDR+1333.34SDR=9333.34SDR。

㈦根據我國海商法第七十七條之規定,載貨證券所載之裝載港或卸貨港為中華民國港口者,其載貨證券所生之法律關係依涉外民事法律適用法所定應適用之法律。但依我國海商法中華民國受貨人或託運人保護較優者,應適用我國海商法之規定。

㈧依據我國海商法第七十八條第一項之規定,裝貨港或卸貨港為中華民國港口之載貨證券所生之爭議,得由我國裝貨港或卸貨港或其他依法有管轄權之法院管轄。其目的在保護中華民國之託運人與受貨人,使中華民國輸出或輸入之載貨證券所生之爭議,不論當事人間就管轄問題有何約定(包括專屬管轄之約定),皆得由我國裝貨港或卸貨港或其他依法有管轄權之法院管轄。惟我國法院僅「得」管轄,非完全排除載貨證券上所載外國法院管轄條款之效力。

結論

㈠甲對乙在我國法院起訴,依我國海商法第七十條第二項及第三項之規定,貨物損害賠償,共有 2(貨櫃)×4(機器)+2(貨櫃)=10 件。賠償責任限制總額合計:8000SDR+1333.34SDR=9333.34SDR。根據海商法第七十

條第二項之規定，甲應以貨物重量計算賠償金額較為有利。

㈡甲在我國法院起訴，根據海商法第七十七條之規定，本案之準據法原則上為法國法，但我國海商法若對中華民國之受貨人或託運人保護較優者，則應適用我國海商法之規定。

㈢依據我國海商法第七十八條第一項之規定，卸貨港為基隆港，我國法院對此有管轄權；又載貨證券記載以營業人之主事務所所在地為爭議訴訟地，即法國法院對此亦有管轄權。

練習題

㈠我國海商法就載貨證券所生爭議之法院管轄，有何規定？其規定之目的與特色為何？

㈡散裝貨物運送之託運人為美國公司，運送人及受貨人均為我國公司，如載貨證券內記載應適用 1936 年美國海上貨物運送條例，貨物抵達高雄港後，受貨人發現有毀損滅失之情事，訴請運送人賠償損害時，其準據法為何？

參考法條

海商法第 70 條

I 託運人於託運時故意虛報貨物之性質或價值，運送人或船舶所有人對於其貨物之毀損或滅失，不負賠償責任。

II 除貨物之性質及價值於裝載前，已經託運人聲明並註明於載貨證券者外，運送人或船舶所有人對於貨物之毀損滅失，其賠償責任，以每件特別提款權六六六‧六七單位或每公斤特別提款權二單位計算所得之金額，兩者較高者為限。

III 前項所稱件數，係指貨物託運之包裝單位。其以貨櫃、墊板或其他方式併裝運送者，應以載貨證券所載其內之包裝單位為件數。但載貨證券未經載明者，以併裝單位為件數。其使用之貨櫃係由託運人提供者，貨櫃本身得作為一件計算。

IV 由於運送人或船舶所有人之故意或重大過失所發生之毀損或滅失，運送人或船舶所有人不得主張第二項單位限制責任之利益。

海商法第 77 條

　　載貨證券所載之裝載港或卸貨港為中華民國港口者,其載貨證券所生之法律關係依涉外民事法律適用法所定應適用法律。但依本法中華民國受貨人或託運人保護較優者，應適用本法之規定。

海商法第 78 條第 1 項

　　裝貨港或卸貨港為中華民國港口者之載貨證券所生之爭議,得由我國裝貨港或卸貨港或其他依法有管轄權之法院管轄。

託運人甲與運送人乙訂立運送契約，約定將甲之水泥十萬包運往日本東京，並請求船長丙發給載貨證券。請問：

一、丙在何種情形下才能發給載貨證券？

二、載貨證券有何特色？

三、載貨證券之效力如何？

解析

㈠載貨證券之發給，根據海商法第五十三條之規定，須運送人或船長於貨物裝載後，因託運人之請求，應發給載貨證券。

㈡載貨證券係指運送人或船長於貨物裝載後，因託運人之請求，發給承認貨物業經裝船，且約定其運送期間權利義務關係，及藉以受領貨物之有價證券。其功用包括貨物收據（即貨物業經運送人收受且已裝船之證明）、運送契約之證明及移轉所有權之有價證券三種。

㈢載貨證券之效力有二：

1. 物權之效力

載貨證券是否具有物權效力？學說見解如下：

⑴絕對說

載貨證券之物權效力，乃載貨證券發給人與託運人間，依其意思表示特別獨立創設之權利。載貨證券持有人享有貨物所有權之權利，與貨物之現實占有關係無關。

⑵相對說

又分嚴正相對說及單純相對說。前者係指運送人於收受貨物後，為貨物之直接占有人，而載貨證券持有人為間接占有人。載貨證券所表彰者，僅係間接占有之權利。運送物所有權之移轉，除交付載貨證券外，尚須踐行民法所規定動產讓與之要件。通說及實務見解均採單純相對說，亦即載貨證券物權效力之發生，以運送人占有運送

物為前提要件，然對於運送物之處分，除交付載貨證券外，並不須踐行民法所規定物權變動之要件。間接占有亦構成合法之移轉，但運送物於運送途中如已滅失，則物權之效力亦隨之終止。

⑶物權效力否定說

此說認為載貨證券僅有債權效力，其讓與僅係運送物交付請求權之讓與，為債權證據之一種，並無物權之效力。

實務見解亦採單純相對說。亦即依據海商法第六十條第一項準用民法第六百二十九條之規定，交付載貨證券於有受領貨物權利之人時，其交付就貨物所有權移轉之關係，與貨物之交付有同一之效力。惟此係指運送人尚未喪失對運送物之占有而言，倘運送物已遺失或被盜用，而不能回復其占有，或已為第三人善意受讓時，則載貨證券持有人縱將載貨證券轉讓與他人，亦不生貨物所有權移轉之物權效力（參照最高法院76年臺上字第771號判例）。然若斟酌國際貿易及載貨證券之流通性，應以絕對說為妥。

2.債權之效力

載貨證券債權效力之立法例有三：

⑴表面證據主義（推定責任制）

載貨證券上之記載，僅可作為對抗運送人之表面證據。亦即運送人之責任，僅推定如載貨證券上所記載文義之責任，運送人仍可舉反證加以推翻此推定。

⑵文義證據主義（文義責任制）

運送人與載貨證券持有人間，關於運送事項，應依載貨證券記載之文義負責。運送人對載貨證券之善意持有人，應依載貨證券上之文義負責，縱使運送人能舉反證證明貨物之數量情狀或主要標誌，於貨物裝載之初即與載貨證券上之文義不符，仍不能對抗載貨證券之善意持有人。

⑶綜合主義（折衷主義）

在運送契約之當事人（即託運人及運送人）間，與運送人及非善意

第三人間，採表面證據主義。在運送人與載貨證券善意第三人間，則採文義證據主義。

以上三說各有利弊，惟以綜合主義為妥。我國現行海商法之規定如下：

    a.運送人與載貨證券持有人間之法律關係：載貨證券填發後，運送人與載貨證券持有人間，關於運送事項，依其載貨證券之記載（海商法第六十條、民法第六百二十七條），係採文義證據主義。再依海商法第五十四條第一項第三款及第三項之規定，依照託運人書面通知之貨物名稱、件數或重量，或其包裝之種類、個數及標誌，推定運送人已依其記載為運送。所謂推定，即得舉反證加以推翻，亦即係採表面證據主義。

    b.運送人與託運人間之法律關係：運送人與託運人間之法律關係，依運送契約所定之事項為準。依據海商法第七十四條第一項之規定，載貨證券之發給人，對於依載貨證券所記載應為之行為，均應負責。但依據海商法第五十四條第三項之規定，載貨證券對此僅具有證明之功能，運送人得舉反證加以推翻。

    c.託運人與載貨證券持有人為同一人：應依原運送契約所定事項為準。

    d.載貨證券上為任何減免法定責任之約定，不生效力：根據海商法第六十一條之規定，載貨證券記載條款、條件或約定，以減輕或免除運送人或船舶所有人，對於因過失或本章規定應履行之義務而不履行，致有貨物毀損、滅失或遲到之責任者，其條款、條件或約定不生效力。亦即載貨證券之獨立性及文義性之效力，對於減免應履行之義務及過失責任，不生效力。

結 論

(一)根據海商法第五十三條之規定，船長丙於貨物裝載後，因託運人甲之請求，應發給載貨證券。

(二)載貨證券之特色及效力請參閱上述之解析。

練習題

㈠何謂載貨證券？載貨證券之文義責任如何？

㈡何謂載貨證券？其性質及效力如何？

參考法條

海商法第 53 條

運送人或船長於貨物裝載後，因託運人之請求，應發給載貨證券。

海商法第 54 條

I 載貨證券，應載明下列各款事項，由運送人或船長簽名：一　船舶名稱。二　託運人之姓名或名稱。三　依照託運人書面通知之貨物名稱、件數或重量，或其包裝之種類、個數及標誌。四　裝載港及卸貨港。五　運費交付。六　載貨證券之份數。七　填發之年月日。

II 前項第三款之通知事項，如與所收貨物之實際情況有顯著跡象，疑其不相符合，或無法核對時，運送人或船長得在載貨證券內載明其事由或不予載明。

III 載貨證券依第一項第三款為記載者，推定運送人依其記載為運送。

海商法第 60 條

I 民法第六百二十七條至第六百三十條關於提單之規定，於載貨證券準用之。

II 以船舶之全部或一部供運送為目的之運送契約另行簽發載貨證券者，運送人與託運人以外載貨證券持有人間之關係，依載貨證券之記載。

海商法第 61 條

以件貨運送為目的之運送契約或載貨證券記載條款、條件或約定，以減輕或免除運送人或船舶所有人，對於因過失或本章規定應履行之義務而不履行，致有貨物毀損、滅失或遲到之責任者，其條款、條件或約定不生效力。

海商法第 74 條第 1 項

載貨證券之發給人，對於依載貨證券所記載應為之行為，均應負責。

民法第 627 條

提單填發後，運送人與提單持有人間，關於運送事項，依其提單之記載。

民法第 629 條

交付提單於有受領物品權利之人時，其交付就物品所有權移轉之關係，與物品之交

付有同一之效力。

最高法院 76 年臺上字第 771 號判例

交付載貨證券於有受領貨物權利之人時，其交付就貨物所有權移轉之關係，與貨物之交付，有同一之效力，固為海商法第一百零四條準用民法第六百二十九條所明定，惟此係就運送人尚未喪失其對貨載之占有（包括間接占有）之情形而言，倘貨載已遺失或被盜用，而不能回復其占有或已為第三人善意受讓取得者，則載貨證券持有人縱將載貨證券移轉與他人，亦不發生貨物所有權移轉之物權效力，僅發生損害賠償債權讓與之問題。

載貨證券之債權效力及運送人之留置權

> 美商甲將貨物一批,以 **C.I.F.** 方式賣與臺灣之乙,並託海運公司丙,
> 以 A 船運送。丙於甲交貨後,簽發載貨證券並載明:運費已由甲簽發、
> 丁背書之支票支付。甲取得該載貨證券後,即將該證券背書轉讓予乙。
> A 船抵達臺灣後,乙向丙請求交貨,丙以支票未獲兌現為由,拒絕交貨。
> 請問:
> 　一、丙公司拒絕交貨,有無理由?
> 　二、丙對該批貨物,可否行使留置權?
> 　三、簽發支票清償運費之法律性質為何?

解析

㈠ C.I.F. 貨物買賣方式,係指買賣價金中包含貨物價金、保險費及運費。
　　出口商必須負擔貨物運送之保險費及運費,運送契約之當事人為託運人
　　(出口商)與運送人。發生爭執時,託運人與運送人間之法律關係,應
　　依運送契約加以解決;受貨人(進口商)與運送人間之法律關係,則依
　　載貨證券之內容決定之。

㈡載貨證券債權效力之立法例有三,即表面證據主義、文義證據主義及綜
　　合主義三種。此三種主義以綜合主義為妥。亦即在運送人與善意之載貨
　　證券持有人間,採文義證據主義,而在運送契約當事人與非善意之載貨
　　證券持有人間,則採表面證據主義。

㈢以支票支付運費係屬代物清償或新債清償?根據通說及最高法院 48 年臺
　　上字第 1208 號判例之見解,認為票據支付在性質上,屬於新債清償,亦
　　即新債務不履行,舊債務不消滅(民法第三百二十條)。以支票支付運費,
　　支票未兌現,則應認為運費尚未支付。根據民法第六百四十七條第一項
　　之規定,運送人為保全其運費及其他費用,得受清償之必要,按其比例,
　　對於運送物,有留置權。載貨證券上記載以支票支付運費,則支票未兌
　　現時,運送人為保全其運費,得受清償之必要,按其比例,對於運送物

行使留置權，拍賣取償。惟民法第六百四十七條之規定，依其立法理由，解釋上應限於受貨人負擔運費債務時，始有適用，否則對善意之受貨人不利。

結論

㈠在 C.I.F. 貨物買賣方式，運送契約之當事人為甲與丙，乙並非託運人，對運送人丙並無支付運費之義務。丙不得以甲未支付運費為由，拒絕對受貨人乙之交貨。

㈡丙簽發載貨證券，載明運費已由甲簽發、丁背書之支票支付，可認為依海商法第五十四條第一項第五款之運費交付方式記載，丙對善意之載貨證券持有人應負絕對文義責任。

㈢乙經甲背書而受讓載貨證券，其為適法之持有人，乙因信任載貨證券上記載有運費交付而善意受讓載貨證券。

㈣票據支付運費之性質，通說及最高法院 48 年臺上字第 1208 號判例之見解均認為屬新債清償，故票據未獲兌現，依據民法第三百二十條之規定，甲之運費債務仍不消滅。

㈤受貨人乙並非運費負擔之義務人，故丙不得根據民法第六百四十七條之規定，對乙行使留置權，以保護受貨人乙。

練習題

㈠美國出口商甲，以 C.I.F. 高雄港價格條件售與臺灣高雄之進口商乙一千臺監視器，由海運公司丙運送。甲與丙於運送契約中約定：「運送途中，因運送人之過失所生火災致該批監視器之毀損滅失，丙公司不負賠償責任」。丙依甲之請求，簽發載貨證券一式三份，載貨證券載明：「運費已由甲所簽發之支票美金壹萬元支付繳付丙」。甲將該載貨證券背書寄交與乙。嗣後丙依該支票所載日期向銀行提示付款被拒。數日後，船舶抵達高雄港。請問：

1. 何謂 C.I.F. 貨物買賣方式？

2. 甲丙之運送契約屬何類型？

3. 甲丙就上述運送契約不負賠償責任之約定，其效力如何？

4. 乙於高雄持載貨證券一份，請求交付該批監視器，丙得否以尚缺載貨證券二份及繳付支票未兌現為由，拒絕交貨？

參考法條

海商法第 54 條第 1 項

載貨證券，應載明下列各款事項，由運送人或船長簽名：一　船舶名稱。二　託運人之姓名或名稱。三　依照託運人書面通知之貨物名稱、件數或重量，或其包裝之種類、個數及標誌。四　裝載港及卸貨港。五　運費交付。六　載貨證券之份數。七　填發之年月日。

民法第 320 條

因清償債務而對於債權人負擔新債務者，除當事人另有意思表示外，若新債務不履行時，其舊債務仍不消滅。

民法第 647 條第 1 項

運送人為保全其運費及其他費用得受清償之必要，按其比例，對於運送物，有留置權。

最高法院 48 年臺上字第 1208 號判例

上訴人將第三人所簽發之支票依背書交付與被上訴人，並未將被上訴人持有之借據收回或塗銷，顯係以負擔票據債務為使被上訴人受清償之方法，票據債務既未因履行而消滅，則兩造間原有之消費借貸債務，自仍屬存在。

問題五一　貨物之受領人及載貨證券之物權效力

> 　　甲公司以 **C.I.F.** 方式向印尼之乙公司購買原木一批，由乙公司託丙航業公司運送來臺。丙公司於原木裝船後，簽發未載明受貨人之載貨證券乙紙，交由乙公司，再由乙公司背書轉讓交與甲公司。該批原木運抵高雄港後，丙公司竟卸交與非載貨證券持有人之丁木業公司，被丁木業公司如數用完。請問：
>
> 一、甲公司可否向丙公司或丁公司主張何項權利？
>
> 二、在甲公司受讓載貨證券之前，丁公司已將原木取走，並轉讓與不知情之第三人，對甲之權利有無影響？

解析

㈠依據海商法第五十六條第一項規定，貨物一經有受領權利人受領，推定運送人已依照載貨證券之記載，交清貨物。所謂「有受領權利人」，在未簽發載貨證券之情形，為運送契約之受貨人；在簽發載貨證券時，則為載貨證券之持有人（海商法第五十八條）。運送人如未將貨物交付有受領權利人，則其責任並未解除。

㈡載貨證券未載明受貨人時，應以載貨證券之持有人為有受領權利人。運送人將運送物交由非載貨證券之持有人，致對載貨證券之持有人給付不能時，應對載貨證券持有人負債務不履行之損害賠償責任（海商法第七十四條第一項）。

㈢依據海商法第六十條第一項準用民法第六百二十九條之規定，交付載貨證券於有受領貨物權利之人時，其交付就貨物所有權移轉之關係，與貨物之交付，有同一之效力。故載貨證券依法定方式讓與有受領權利人時，受領權利人即取得該物所表彰貨物之所有權。

㈣所有權人對於無權占有人，可依民法主張第七百六十七條之所有物返還請求權或第一百八十四條第一項之侵權行為損害賠償請求權，兩者為請求權競合。惟若標的物事實上已消滅，則所有權亦失其附麗，故僅能行

使侵權行為之損害賠償請求權。

㈤損害之發生係由數人之共同侵權行為所致時，則此數人應依民法第一百八十五條之規定連帶負責。

㈥在載貨證券受讓之前，運送物已不在運送人占有中，則載貨證券之持有人是否為運送物之所有權人？此涉及載貨證券之物權效力，對此學說有爭議，計有絕對說、相對說與物權效力否定說三種見解，而相對說又有嚴正相對說及單純相對說兩種。依通說及實務見解，係採單純相對說，但若斟酌國際貿易及載貨證券之流通性，應以絕對說為妥。

結論

㈠甲公司可依據海商法第七十四條第一項之規定，向運送人丙公司主張債務不履行之損害賠償責任。

㈡甲公司可本於所有權人之地位，以所有權被侵害為由，向丁公司主張民法第一百八十四條第一項之損害賠償請求權。

㈢甲公司在受讓載貨證券之前，丁公司已將原木取走，並轉讓與不知情之第三人，依通說及實務見解之單純相對說，甲無法取得該批原木之所有權，故甲對丁不能本於所有權人地位，行使所有物返還請求權或侵權行為損害賠償請求權，甲僅得依海商法第七十四條第一項之規定，向運送人丙公司主張債務不履行之損害賠償責任。

㈣若斟酌國際貿易及載貨證券之流通性，應以絕對說為妥，故甲仍取得所有權，從而甲仍得本於所有權人地位行使權利。

練習題

㈠將載貨證券交付押匯銀行辦理押匯或將載貨證券設定質權，而交付於各該押匯銀行或質權人時，請問：各該押匯銀行或質權人是否取得該物品之所有權？理由為何？

㈡運送人甲簽發記名式載貨證券於受貨人乙，請問該載貨證券上所載之受貨人乙，是否為有「受領權利人」？甲之貨物交清責任，何時終了？

㈢託運人已將載貨證券交付受貨人，嗣因歸責於運送人之事由，致託運貨物受損，託運人是否仍得基於運送契約，對運送人有損害賠償請求權？

參考法條

海商法第 56 條第 1 項

貨物一經有受領權利人受領，推定運送人已依照載貨證券之記載，交清貨物。但有下列情事之一者，不在此限：一　提貨前或當時，受領權利人已將毀損滅失情形，以書面通知運送人者。二　提貨前或當時，毀損滅失經共同檢定，作成公證報告書者。三　毀損滅失不顯著而於提貨後三日內，以書面通知運送人者。四　在收貨證件上註明毀損或滅失者。

海商法第 58 條

I 載貨證券有數份者，在貨物目的港請求交付貨物之人，縱僅持有載貨證券一份，運送人或船長不得拒絕交付。不在貨物目的港時，運送人或船長非接受載貨證券之全數，不得為貨物之交付。

II 二人以上之載貨證券持有人請求交付貨物時，運送人或船長應即將貨物按照第五十一條之規定寄存，並通知曾為請求之各持有人，運送人或船長，已依第一項之規定，交付貨物之一部後，他持有人請求交付貨物者，對於其賸餘之部分亦同。

III 載貨證券之持有人有二人以上者，其中一人先於他持有人受貨物之交付時，他持有人之載貨證券對運送人失其效力。

海商法第 60 條第 1 項

民法第六百二十七條至第六百三十條關於提單之規定，於載貨證券準用之。

海商法第 74 條第 1 項

載貨證券之發給人，對於依載貨證券所記載應為之行為，均應負責。

民法第 629 條

交付提單於有受領物品權利之人時，其交付就物品所有權移轉之關係，與物品之交付有同一之效力。

　　臺灣之甲公司與美國之乙公司，以 **F.O.B.** 條件訂立 **100** 臺重型機器買賣契約，並由丙公司之 **A** 船運送至美國，並簽發載貨證券 **(B/L)**，載有 "**1 Container Said to Contain 100 heavy machines**"（一個貨櫃據稱內裝有 **100** 臺重型機器）。**A** 船抵達美國後，開櫃後僅有 **99** 臺重型機器。請問：

一、何謂 **F.O.B.** 貨物買賣方式？
二、丙公司究應交多少臺重型機器？
三、據稱條款，通常發生於何類型之貨物海上運送？
四、運送人得為保留記載之法律依據為何？
五、試從國內法及比較法之規定，說明據稱條款之效力為何？

解析

㈠ F.O.B. (Free on Board) 貨物買賣方式，指貨物裝船後，出口商免責，亦即出口商僅負責將貨物裝上甲板，至於運費、保險費概由進口商負擔。運送契約之當事人為進口商與運送人，雙方之權利義務關係依運送契約解決，於此託運人與受貨人通常為同一人，出口商僅為艤裝人地位。

㈡ 據稱條款，亦稱不知條款 (unknown clause)，指運送人在載貨證券上所記載，不知其所接受運送物物品之內容為何、種類為何、重量為何等文句之免責約款。實務上通常在載貨證券載明「據告重」(Said to weigh)、「據告稱」(Said to be)、「內容不詳」、「件數不詳」或「重量不詳」等，此即為據稱條款（或不知條款）。

㈢ 載貨證券上記載據稱條款，通常發生於以下類型之海上運送：

1. 大宗散裝之海上貨物運送，如穀物、鐵砂及煤油等，運送人因無法核對貨物之重量而為據稱條款之記載。

2. 海上貨物運送，由託運人自行將貨物裝入貨櫃，亦即海上貨櫃運送之情形。

㈣根據海商法第五十四條第一項第三款之規定，運送人有依照託運人書面通知之貨物名稱、件數或重量，或其包裝之種類、個數及標誌，載明於載貨證券之義務。惟此項貨物描述之記載，以運送人能核對為前提。若託運人書面通知，對貨物描述之事項，如與所受貨物之實際情況有顯著跡象，疑其不相符合，或無法核對時，運送人或船長得在載貨證券內載明其事由或不予載明（海商法第五十四條第二項）。所謂「載明其事由」，如於載貨證券上記載「件數不知，因未曾數計」、「重量不知，因未曾過磅」、「內容不知，因未核對」或「件數不知」、「重量不知」或「內容不知」。所謂「不予載明」，係指消極地不予於載貨證券記載而言（最高法院 67 年臺上字第 1774 號判決）。

㈤載貨證券附有「據稱條款」時，並不在表明貨物或其包裝有缺陷，僅在表明運送人或船長對於託運人書面通知之事項，未加確定，故其非為「不清潔載貨證券」，銀行仍得據以受理押匯。

㈥「據稱條款」之效力，我國法院判決不一，學者見解亦不相同。現行海商法第五十四條第三項雖明文「載貨證券依第一項第三款為記載者，推定運送人依其記載為運送」，其立法理由雖在於解決據稱條款之爭議，惟「據稱條款」之效力，則須綜合海商法第五十四條第三項、第五十五條第二項及第六十條之規定，茲說明如下：

1. 運送契約當事人間之法律關係

運送人與託運人，係運送契約之當事人，無強調載貨證券文義性以保護託運人之必要，故可適用海商法第五十四條第三項之規定。惟在適用上，尚須注意以下事項：

(1)舉證責任分配之原則，運送人或船長依民事訴訟法第二百七十七條之規定，主張有利於己之事實者，就其事實有舉證之責任。運送人或船長對其所收貨物之實際情況，有顯著跡象，疑其不相符合，或無法核對之情事，應負舉證責任。經證明後，運送人或船長所做之保留記載，方為有效。託運人須舉證其交付運送人或船長運送貨物之確實數量，若其無法提出證明，將受敗訴之判決。

⑵實際上並無顯著跡象疑其不相符合，或無法核對時，而運送人或船長於載貨證券為「據稱條款」之記載時，託運人可依海商法第五十四條第三項之規定，舉證推翻之。

⑶載貨證券之記載，根據海商法第五十四條第三項之規定，於運送人與託運人間，僅有推定之效力。運送契約之當事人，均得提出其他反證加以推翻。

⑷依據海商法第五十五條第二項之反面解釋，運送人得主張託運人通知事實不符，提出反證，不但可依海商法第六十條之規定，對託運人主張不受載貨證券之拘束，且對託運人尚可請求損害賠償。

2. 運送人與託運人以外之善意載貨證券持有人間之法律關係

根據我國海商法第五十四條第三項之規定：「載貨證券依第一項第三款為記載者，推定運送人依其記載為運送」，此項「據稱條款」效力之規定，其立法理由在於解決法院判決對於「據稱條款」效力前後意見不一之問題。亦即載貨證券上之「據稱條款」僅有推定之效力，託運人、運送人及託運人以外之善意載貨證券持有人均得舉反證加以推翻。惟此項規定，顯與我國海商法之相關規定及國際公約不相吻合。茲說明如下：

⑴我國海商法第五十五條第二項規定：「運送人不得以前項託運人應負賠償責任之事由，對抗託運人以外之載貨證券持有人」；件貨運送契約，依據海商法第六十條第一項準用民法第六百二十七條之規定，載貨證券填發後，運送人與載貨證券持有人間，關於運送事項，依其載貨證券之記載。亦即強調載貨證券之文義性，若載貨證券之記載與運送契約之內容不同，不得對抗載貨證券持有人。而在傭船契約，根據海商法第六十條第二項之規定：「以船舶之全部或一部供運送為目的之運送契約另行簽發載貨證券者，運送人與託運人以外載貨證券持有人間之關係，依載貨證券之記載。」亦再度強調載貨證券之文義性。

⑵1924 年海牙規則第三條第四項規定：「此項載貨證券應作為依照前

項㈠㈡㈢款之貨物，已經運送人收受之表面證據。」即載貨證券上之記載，僅能作為對抗運送人之表面證據，亦即僅具有推定之效力。惟 1968 年海牙威士比規則（布魯塞爾議定書）則就 1924 年海牙規則第三條第四項增列但書規定，而以第一條第一款規定：「原條文第三條第四項增列下文：『但載貨證券已轉讓與善意第三人者，不得提出反證。』」根據國際公約之規定，再度強調載貨證券之文義性，以保護善意之載貨證券持有人及促進國際貿易之流暢。

結論

㈠ F.O.B. 貨物買賣方式之意義，請見上述解析㈠。

㈡根據海商法第五十四條第三項之規定：「載貨證券依第一項第三款為記載者，推定運送人依其記載為運送。」故運送人丙原則上應依載貨證券上之記載，交付 100 臺重型機器，除非運送人丙能舉反證加以證明託運人乙實際上僅交付 99 臺重型機器。

㈢據稱條款，通常發生於大宗散裝之海上貨物運送，及海上貨櫃運送之情形。

㈣運送人得為保留記載之法律依據，規定於海商法第五十四條第二項。

㈤據稱條款之法律效力，請參見上述解析㈥。

練習題

㈠關於散裝貨物之運送，其載貨證券記載「重量據告稱」（Said to be 或 Said to weigh）者，在我國海商法上之效力如何？如貨物重量，係由運送人或託運人以外具有公證力之第三人所確定而為記載時，依航運慣例，其效力是否不同？

㈡載貨證券之文義性為何？載貨證券附有「不知條款」之記載時，該「不知條款」之效力如何？

㈢某中產物保險公司承保某乙自美國進口小麥二萬噸，託由某丙航運公司之貨輪運回。該項小麥之裝船與卸載，均用吸管為之，並由運送人與託

運人以外之第三人以電動計量器測定其重量，由某丙航運公司簽發載貨證券，記明裝運小麥之數量，為「據告重」二萬噸，由某甲產物保險公司賠償某乙後，持載貨證券向某丙航運公司索賠未果，乃訴請法院裁判命某丙公司賠償該二萬噸小麥之價款，法院應如何裁判？

㈣甲運送人於其所簽發之載貨證券上記載下列文句，試簡附理由說明運送人應負何責任？

　1.載貨證券上記載「據稱」、「據告稱」之文句。

　2.載貨證券上記載「重量不知，因未曾過磅」、「件數不知，因未曾數計」之文句。

參考法條

海商法第 54 條

I 載貨證券，應載明下列各款事項，由運送人或船長簽名：一　船舶名稱。二　託運人之姓名或名稱。三　依照託運人書面通知之貨物名稱、件數或重量，或其包裝之種類、個數及標誌。四　裝載港及卸貨港。五　運費交付。六　載貨證券之份數。七　填發之年月日。

II 前項第三款之通知事項，如與所收貨物之實際情況有顯著跡象，疑其不相符合，或無法核對時，運送人或船長得在載貨證券內載明其事由或不予載明。

III載貨證券依第一項第三款為記載者，推定運送人依其記載為運送。

海商法第 55 條

I 託運人對於交運貨物之名稱、數量，或其包裝之種類、個數及標誌之通知，應向運送人保證其正確無訛，其因通知不正確所發生或所致之一切毀損、滅失及費用，由託運人負賠償責任。

II 運送人不得以前項託運人應負賠償責任之事由，對抗託運人以外之載貨證券持有人。

海商法第 60 條

I 民法第六百二十七條至第六百三十條關於提單之規定，於載貨證券準用之。

II 以船舶之全部或一部供運送為目的之運送契約另行簽發載貨證券者，運送人與託運人以外載貨證券持有人間之關係，依載貨證券之記載。

最高法院 67 年臺上字第 1774 號判決

〔載貨證券上註明「重量不知」之效力與海商法第九十八條第三項之「不予載明」不相當〕按載貨證券應載明「依託運人書面通知之貨物種類、品質、數量、情狀及其包皮之種類、個數及標誌」，此項通知事項，如與所收貨物之實際情況有顯著跡象，疑其不相符合，或無法核對時，運送人或船長得不予載明，固為海商法第九十八條第二項所明定，惟所謂不予載明，係指運送人或船長就海商法第九十八條第一項第三款所定「通知事項」，消極的不於載貨證券記載而言。本件被上訴人……之載貨證券，均載明運送貨物之確實數量，自與不予載明之情節有間。原審僅以載貨證券明載「裝載重量不知」(Weight Shipped Unknown) 字樣，遽認此項記載相當於海商法第九十八條第二項所定之對重量不予載明，所持法律上之見解，已有違誤。

美國之進口商甲，由花旗銀行開立信用狀乙紙，向臺北之出口商乙購買重型機器一百臺。託運人乙交付一百箱之重型機器，委由丙之 A 船運往美國。然在一百箱重型機器中，實際上僅有九十九箱內裝有重型機器各一臺，另一箱則以他物充之。丙經乙提出認賠書後，簽發載貨證券乙紙，內載「重型機器一百臺，每臺售價一百萬」。乙於載貨證券背書後，連同信用狀向台新銀行辦理押匯。該批單據轉至美國花旗銀行，經甲付款贖回，持載貨證券取貨，方知貨物短缺。請問：

一、何謂認賠書？其性質及效力如何？

二、甲乙丙間之法律關係如何？

解析

㈠載貨證券，依運送物之內容，可分為清潔載貨證券與不清潔載貨證券兩種。清潔載貨證券 (Clean of Lading)，又稱無保留或無估計載貨證券。指載貨證券上載明貨物名稱、件數或重量，或其包裝之種類、個數及標誌，且未註明貨物有瑕疵或其包裝有不良情況時，即稱為清潔載貨證券。不清潔載貨證券，指載貨證券未載明貨物名稱、件數或重量，或其包裝之種類、個數及標誌，或註明貨物有瑕疵或其包裝有不良情況時，即稱為不清潔載貨證券。

㈡載貨證券認賠書之緣由：

以信用狀為付款條件時，押匯銀行樂於接受清潔載貨證券之押匯；對於以不清潔載貨證券之押匯，通常拒絕付款。故在海運慣例上，託運人為換取運送人或船長簽發清潔載貨證券，通常由託運人出具載貨證券認賠書或免責函。

㈢載貨證券認賠書之意義：

載貨證券認賠書（letter of indemnity , letter of guarantee，簡稱 L/I），乃指託運人為換取運送人或船長簽發清潔載貨證券，由其出具一份書面表明

擔保運送人或船長，因簽發清潔載貨證券所生之一切損害。

(四)載貨證券認賠書之性質：

載貨證券認賠書之法律性質如何？學說及實務見解如下：

1. 學　說

(1)保證契約說

託運物有瑕疵，託運人為求運送人簽發清潔載貨證券，而出具認賠書，聲明運送人若因簽發清潔載貨證券而受損害，由其賠償一切責任，故認賠書為民法保證契約之一種。此外，認賠書之英文為 letter of guarantee，guarantee 即為民法保證之意。此說不可採，因民法上之保證契約須有主債務存在為前提，認賠書係託運人與運送人間之損害擔保契約，並無主債務存在。

(2)不當得利說

託運人以有瑕疵之託運物換取清潔之載貨證券，屬於「無法律上之原因而受利益」。運送人因簽發清潔載貨證券而受損害為「致他人受損害」，故構成民法上之不當得利。運送人得依不當得利之法律關係，向託運人請求損害賠償。此種不當得利之法律關係，即為託運人認賠義務之本質。此說不可採，因不當得利之要件中，損害與得利須具有因果關係，而託運人取得清潔載貨證券，係基於認賠書之約定；而運送人對第三人須依載貨證券負責，係基於運送契約之運送責任，二者之間並無因果關係。

(3)和解契約說

依據海商法第五十四條第二項之規定，託運物有瑕疵或有顯著跡象，疑其與託運人之通知不相符合或無法核對時，運送人或船長得在載貨證券內載明其事由或不予載明。運送人因託運人之請求而簽發清潔載貨證券，即屬讓步。託運人於認賠書中聲明願負損害賠償責任，亦屬讓步。雙方讓步以終止爭執或防止「運送人應否依託運人書面通知記載於載貨證券」爭執之發生，即為認賠書之本質，亦為民法上之和解契約。此說不可採，因認賠書之本質在於託運人與運送人

雙方相互協議，而非讓步，故認賠書不得認定為和解契約。

(4)損害擔保契約說

損害擔保契約係指當事人約定，一方於他方因某特定事項受有損害時，由其負擔填補損害之契約。認賠書之內容即在於運送人因填發清潔載貨證券而受損害時，由託運人負擔損害賠償之責任。其權利義務具有片面、獨立及無償之性質，應屬一種損害擔保契約。此為學界之通說。

2.個人見解

個人見解亦贊同學界之通說，亦即認賠書屬於一種損害擔保契約，託運人承諾就運送人因一定行為所受之損害，由其單獨、無償地負責填補責任之契約。

(五)載貨證券認賠書之效力：

認賠書之效力如何？學界見解如下：

1.有效說

持有效說之理由如下：

(1)認賠書雙方關於認賠之約定，本屬一種協議，應有契約自由原則之適用。

(2)任何型態之契約，其訂立之動機及目的均有詐欺之可能，徒因認賠書之約定有詐欺之可能即否定其效力，無異所有型態之契約，均應否定其效力。

(3)否定認賠書之效力，將使運送人無法就簽發清潔載貨證券所受之損害，轉向託運人要求賠償。無異主張託運人就自己不實通知無須負責，而有鼓勵託運人不實通知及詐欺之嫌。

2.無效說

無效說以為認賠書根本無存在之價值，其理由如下：

(1)託運人交付有瑕疵之託運物，運送人卻簽發清潔之載貨證券，顯然認賠書係以詐欺為目的所訂立之契約，依據民法第七十二條之規定，應屬無效。

(2)國際貿易向以誠信為基礎，承認認賠書之效力，無異摧毀國際貿易長久以來建立之制度。當買受人或銀行不再信任載貨證券時，認賠書對商業社會帶來之損害，將比其帶來之便利大。

3. 折衷說

折衷說亦稱原則有效說或相對有效說。此說認為認賠書是否有效？應視具體個案加以認定。此說為學界之通說，個人見解亦同。其理由如下：

(1)認賠書是否有效？應依具體個案運送人是否具有詐欺故意加以判斷。若運送人明知運送物有瑕疵，卻不於載貨證券上加以批註，而仍簽發清潔載貨證券時，即可推定運送人主觀上具有詐欺之故意，其所取得之認賠書應認為違反公序良俗而無效。若運送人疑其通知與實際狀況不相符合，或因發航時間、裝載程序等客觀因素無法核對或一時無法判定，為避免爭執而簽發清潔載貨證券時，運送人主觀上並無詐欺之故意，其所換取之認賠書亦無違反公序良俗之問題，在契約自由原則之下，應認為認賠書為有效。

(2)法律行為是否違反公序良俗，應視具體個案加以判斷，認賠書之約定效力亦然。認賠書之約定，運送人是否具有詐欺故意，應屬當事人之舉證問題，不能因而全盤否定認賠書之效力。

結論

(一)何謂認賠書？其性質及效力如何？其內容請參見上述解析(三)(四)(五)。

(二)認賠書於運送人丙與託運人乙間之效力，應依具體情況加以判斷。若丙有詐欺之故意時，認賠書因違反公序良俗而無效；若丙無詐欺之故意時，基於契約自由原則，應認為認賠書有效。

(三)認賠書係運送人丙與託運人乙間之約定，對於契約當事人以外之第三人（如載貨證券之受貨人甲），應不生效力。本件係屬件貨運送契約，依據海商法第六十條第一項準用民法第六百二十七條之規定及海商法第七十四條第一項之規定，運送人丙須就其所簽發載貨證券之文義負責，不得

以認賠書對抗持有載貨證券之受貨人或其他善意之第三人。亦即運送人丙對持有載貨證券之受貨人甲，應依載貨證券之記載，負交付一百臺重型機器之義務。至於丙之損害，則可依乙丙認賠書之約定，對乙請求損害賠償。

練習題

㈠何謂載貨證券免責函？其法律性質及效力如何？

參考法條

海商法第 54 條第 2 項

前項第三款之通知事項，如與所收貨物之實際情況有顯著跡象，疑其不相符合，或無法核對時，運送人或船長得在載貨證券內載明其事由或不予載明。

海商法第 60 條第 1 項

民法第六百二十七條至第六百三十條關於提單之規定，於載貨證券準用之。

海商法第 74 條第 1 項

載貨證券之發給人，對於依載貨證券所記載應為之行為，均應負責。

民法第 627 條

提單填發後，運送人與提單持有人間，關於運送事項，依其提單之記載。

　　我國進口商甲，向美國出口商乙購買小麥壹萬噸，由乙託美海運公司丙運送來臺。貨裝船舶之後，丙簽發載貨證券一紙於乙，其中載明雙方因貨運所生之糾紛，應向美國仲裁機構提付仲裁。該載貨證券經乙背書轉讓予甲，後小麥運抵基隆港卸貨時，短少壹百噸，雙方發生糾紛。甲向臺灣臺北地方法院訴請丙公司賠償。請問：

　　一、丙公司抗辯甲應依載貨證券之記載，提付仲裁，不得逕行起訴，有無理由？

　　二、甲主張載貨證券所載仲裁條款，係丙單方意思表示，甲不受拘束，是否可採？

　　三、乙主張在臺灣仲裁，是否有理？

　　四、甲同意提付仲裁，但主張在臺灣為之，是否有理？

解析

㈠載貨證券（Bill of Lading，簡稱 B/L），係指運送人或船長於貨物裝載後，因託運人之請求而發給承認貨物已裝船，且約定其運送期間權利義務關係，及藉以受領貨物之特種有價證券。其具有文義性及獨立性等債權效力，及載貨證券之轉讓，即「與物品之交付有同一效力」之物權效力。

㈡依據海商法第六十條第一項準用民法第六百二十七條之規定，載貨證券填發後，運送人與載貨證券持有人間，關於運送事項，依其載貨證券之記載。此為載貨證券之文義性。

㈢載貨證券記載「仲裁條款」之效力如何？茲依民國八十八年海商法修正前後說明如下：

　1.修法前

　　⑴實務見解

　　　　最高法院六十七年度第四次民事庭庭推總會議決議㈡認為：「載貨證券係由運送人或船長單方簽名之證券，其有關仲裁條款之記載，尚

不能認係仲裁契約，故亦無商務仲裁條例第三條（現仲裁法第四條）之適用」。

(2)學界通說

學界通說認為實務見解欠妥，其認為託運人如無異議，即應認為已同意載貨證券上所記載之條款，又單方簽名僅為海運商務演進之偶然結果，再者，載貨證券之單方作成與載貨證券之基本功能不得相互混淆。

2.修法後

(1)仲裁法第一條第三項、第四項及第三條

仲裁法第一條第三項及第四項規定為：「仲裁協議，應以書面為之」「當事人間之文書、證券、信函、電傳、電報或其他類似方式之通訊，足認有仲裁合意者，視為仲裁協議成立。」強調仲裁協議之書面性，以及仲裁契約不須再依仲裁法之規定為之。此外，仲裁法第三條規定：「當事人間之契約訂有仲裁條款者，該條款之效力，應獨立認定；其契約縱不成立、無效或經撤銷、解除、終止，不影響仲裁條款之效力」，強調仲裁條款之絕對效力。

(2)海商法第七十八條

根據海商法第七十八條之規定，在我國進行仲裁之條件如下：一　裝載港或卸貨港為中華民國港口，其載貨證券訂有仲裁條款；二　經契約當事人同意。符合前二條件後，即得於我國進行仲裁，不受載貨證券內仲裁地或仲裁規則記載之拘束。此之「契約當事人」，應擴張解釋包括運送人、託運人及載貨證券持有人。而非依文義解釋，僅包括運送人及託運人，否則載貨證券持有人之權益將易受侵害，影響載貨證券之效力。

海商法為此規定之立法理由在於：

a.預防運送人利用仲裁條款之記載，剝奪我國國民就近在我國尋求法律救濟之途徑。

b.預防運送人利用我國國民須赴國外求償之不利益，以遂行其逃避

運送責任之目的。

　　c.載貨證券所載之條款，多屬不公平、不合理之定型化約款，對於我國之託運人或載貨證券持有人甚為不利，乃參照一九七八年漢堡規則第二十二條有關「仲裁」之規定，增列海商法第七十八條第二項之規定。

　　另外，海商法基於私法自治原則，尊重當事人解決爭議之事後合意，又於同條第三項規定，符合以下二要件下，當事人仍可不於我國進行仲裁：一　爭議發生後；二　當事人另有書面合意，如約定貨運所生之糾紛，應在美國提付仲裁。

結論

㈠丙公司之抗辯有理由。載貨證券持有人甲與運送人丙間之權利義務關係，須依載貨證券之記載為準。載貨證券既有仲裁條款之記載，甲丙均應受其拘束。甲向臺灣臺北地方法院起訴，法院應依民事訴訟法第二百四十九條第一項第六款之規定，裁定駁回甲之請求。

㈡載貨證券記載「仲裁條款」之效力，於民國八十八年海商法修法前，實務見解認為載貨證券係由運送人或船長單方簽名之證券，係丙單方意思表示，甲不受拘束。學界通說則認為實務見解欠妥。而依民國八十八年海商法修法後，根據海商法第七十八條第三項前段之規定：「前項規定視為當事人仲裁契約之一部」及仲裁法第一條第三項、第四項之規定，可推翻上述實務見解，認為仲裁條款係當事人之合意。

㈢託運人乙主張在我國進行仲裁，根據海商法第七十八條之規定，若 1.裝載港或卸貨港為中華民國港口，其載貨證券訂有仲裁條款；2.經契約當事人同意。符合前二要件後，即得於我國進行仲裁，不受載貨證券內仲裁地或仲裁規則記載之拘束。

㈣載貨證券持有人甲同意提付仲裁，但主張在我國進行，根據海商法第七十八條之規定，若 1.裝載港或卸貨港為中華民國港口，其載貨證券訂有仲裁條款；2.經契約當事人同意。符合前二要件後，即得於我國進行仲

裁，不受載貨證券內仲裁地或仲裁規則記載之拘束。

練習題

㈠設立於臺北市之本國公司某甲與某乙，雙方訂立傭船契約，契約中有仲裁條款之約定，其內容略約：「凡有關本契約船舶所有人與傭船人所引起之任何糾紛，應於紐約交付三人仲裁，由爭執之雙方各推派一人，而另一人則經雙方所共同推薦，他們三人為履行仲裁而為之裁決。雙方均表同意，並得向法院認證其效力。」嗣後訂約雙方果因貨物發生短損而起爭執，甲方未經仲裁而逕向我國法院起訴，請求乙方賠償損失。乙方遂提出妨訴抗辯，謂該訟爭事件應先付仲裁，對方在未經仲裁前即行起訴，與程序不合，請求以裁定駁回原告之訴。此時該傭船契約中之仲裁條款，其效力如何？

參考法條

海商法第78條

I 裝貨港或卸貨港為中華民國港口者之載貨證券所生之爭議，得由我國裝貨港或卸貨港或其他依法有管轄權之法院管轄。

II 前項載貨證券訂有仲裁條款者，經契約當事人同意後，得於我國進行仲裁，不受載貨證券內仲裁地或仲裁規則記載之拘束。

III前項規定視為當事人仲裁契約之一部。但當事人於爭議發生後另有書面合意者，不在此限。

仲裁法第1條

I 有關現在或將來之爭議，當事人得訂立仲裁協議，約定由仲裁人一人或單數之數人成立仲裁庭仲裁之。

II 前項爭議，以依法得和解者為限。

III仲裁協議，應以書面為之。

IV當事人間之文書、證券、信函、電傳、電報或其他類似方式之通訊，足認有仲裁合意者，視為仲裁協議成立。

仲裁法第3條

當事人間之契約訂有仲裁條款者，該條款之效力，應獨立認定；其契約縱不成立、無效或經撤銷、解除、終止，不影響仲裁條款之效力。

　　甲船裝載 A 託運之貨物，於航海中因船長之過失，與乙船碰撞（乙船無過失）致甲、乙船及 A 之貨物均發生損害。請問：

一、A 向甲船所有人請求損害賠償應依據運送契約？或依據船舶碰撞之規定？

二、乙船所有人對甲船所有人之損害賠償請求權有無優先權？甲船所有人得否主張限制責任？

三、甲船之損害得否請求乙船之所有人賠償？

四、我國海商法對船舶碰撞訴訟之管轄及扣押有何規定？與民事訴訟法之規定有何不同？以何者之規定較有利於原告之起訴？

解析

(一)船舶碰撞，係指二艘或二艘以上之船舶，在海上或與海相通之水面或水中互相接觸，致一方或雙方發生損害而言。其性質通說認為係侵權行為。船舶碰撞為單獨海損之一種。

(二)我國海商法關於船舶碰撞責任分擔之規定，主要在海商法第九十五條至第九十八條。茲說明如下：

1.碰撞係因不可抗力而發生時

根據海商法第九十五條之規定，碰撞係因不可抗力而發生時，被害人不得請求損害賠償。因在雙方均無過失下所發生之船舶碰撞，應各自承擔其所受之損害，不生損害賠償請求權之問題。所謂不可抗力，係指非人力所能抗拒或避免之事故，縱雙方已盡適當之注意或預防，仍不免損害之發生。

2.碰撞出於一方之過失時

根據海商法第九十六條規定，碰撞係因一船舶之過失所致時，由該加害船舶負損害賠償責任。所謂「一船舶之過失」，係指因該船舶所有人、船長或海員之管理上或駕駛上之過失，而發生碰撞而言。船舶碰撞係

採過失歸責原則，凡碰撞係因船舶一方之過失所致時，應由該船舶單獨負擔損害賠償責任，不能因該船舶損害較重而主張免責。此項賠償責任，亦不因碰撞係由引水人之過失所致而免除（海商法第九十八條）。亦即引水人之過失所致之船舶碰撞，該有過失之船舶仍應負損害賠償責任。

3.碰撞係因各船舶之共同過失時

有別於民法第一百八十五條共同侵權行為連帶責任之規定，海商法第九十七條規定，碰撞之各船舶有共同過失時，各依其過失程度之比例負其責任，不能判定其過失之輕重時，各方平均負其責任。有過失之各船舶，對於因死亡或傷害所生之損害，應負連帶責任。此項責任，不因碰撞係由引水人之過失所致而免除（海商法第九十八條）。亦即碰撞係因各船舶之共同過失時，雙方負責之方式應依對物損害或對人損害而有所不同，同時將其涉及之賠償方法一併說明如下：

(1)對物損害

碰撞之各船舶有共同過失時，對於物之損害，若過失輕重能判斷時，則各依其過失程度之比例負其責任，屬於過失比例原則。亦即有別於民法第二百七十三條債權人得對連帶債務人中一人或數人或其全體，同時或先後請求全部或一部之給付，海商法第九十七條規定碰撞船舶各依其過失之比例分別對受害人負責，受害人須分別向侵權行為人求償。若過失輕重無法判定時，則各方平均負其責任，屬於過失平分原則。

(2)對人損害

碰撞之各船舶有共同過失時，對於人之損害，為保護被害人起見，採連帶賠償原則，由有過失之各船舶，對於因死亡或傷害所生之損害，負連帶賠償責任。惟一方賠償後，仍得依海商法第九十七條第一項之規定，對他方請求其應分擔之部份。

(3)賠償方法

a.單一責任法：

單一責任法，又稱單一責任原則。係指由應賠償較多之一方，按雙方比例賠償之差額，給付賠償較少之一方。亦即雙方互相抵銷後之賠償差額。如 A、B 兩船相撞，A 船損失 300 萬，B 船損失 200 萬，雙方各有 50% 過失，A 船應賠償 B 船 200 萬×50%=100 萬。B 船應賠償 A 船 300 萬×50%=150 萬。雙方互為抵銷後，僅由 B 船賠償 A 船 50 萬。此說之優，在於避免雙方往返請求，較為便利。

b.交叉責任法：

交叉責任法，又稱交叉責任原則。係指碰撞之各船舶，按其過失之比例，就他方之損失互相賠償而不互相抵銷。如上例，A 船應賠償 B 船 100 萬，B 船應賠償 A 船 150 萬。雙方不互相抵銷。

c.區別實益：

單一責任法與交叉責任法區別之實益，在於碰撞之各船舶均投保碰撞責任保險時，如採單一責任法，將賠償金額互為抵銷，保險人之責任相形減低，對於船舶所有人不利。一般航運界及保險界，為保護船舶所有人之利益，使之均能向保險人索賠，均採交叉責任法。

4.原因不明之碰撞

船舶碰撞原因不明時，如何規範賠償責任？我國海商法對此並無明文。根據「1910 年關於碰撞法規之國際統一公約」第二條第一項之規定：「若碰撞係由於意外事故、不可抗力或其碰撞原因不明時，其損害由受害人自負之。」蓋因無從舉證，被害人應自行負擔，不得請求損害賠償。對此我國海商法亦應為相同之解釋。

(三)船舶碰撞之處理：

1.請求權之時效

根據海商法第九十九條規定，因船舶碰撞所生之損害賠償請求權，自碰撞日起算，經過兩年不行使而消滅。此兩年之期間，為特別之消滅時效，而非除斥期間。亦即因碰撞所生之損害賠償請求權罹於時效，

僅生債務人拒絕給付之抗辯權，並非請求權當然消滅。

2. 優先權之問題

依據海商法第二十四條第一項第四款之規定，因船舶操作直接所致陸上或水上財物毀損滅失，對船舶所有人基於侵權行為之賠償請求，有海事優先權。而此項海事優先權，根據海商法第三十二條之規定，自其債權發生之日起，經一年而消滅。海事優先權為擔保物權，係屬從權利。其行使之一年應屬除斥期間，一年期間經過，海事優先權雖然消滅，但其主債權（亦即損害賠償請求權）仍不隨之消滅，仍可自碰撞日起兩年內，對債務人求償（海商法第九十九條）。

3. 船舶碰撞之準據法

依據海商法第九十四條之規定，船舶之碰撞，不論發生於何地，皆依本章之規定處理。亦即船舶碰撞，不論碰撞船舶之國籍如何？碰撞之地點為何？只要當事人向中華民國法院起訴，一律適用我國海商法中有關船舶碰撞之規定，亦即採絕對法庭地法原則。

4. 加害船舶之扣押

為保障受害之我國船舶及人民，賦與法院對於加害之船舶，得逕行扣押，不受海商法第四條之限制，海商法第一百條之規定如下：

(1)船舶在中華民國領海、內水、港口、河道內碰撞者，法院對於加害之船舶，得扣押之（海商法第一百條第一項）。

(2)碰撞不在中華民國領海、內水、港口、河道內，而被害者為中華民國船舶或國民，法院於加害之船舶進入中華民國領海後，得扣押之（海商法第一百條第二項）。

(3)被扣押之船舶得提供擔保，請求放行（海商法第一百條第三項）。此為顧及雙方權益而設。又此之擔保，得由適當之銀行或保險人出具書面保證代之，以符合實務需要（海商法第一百條第四項）。

5. 訴訟之管轄

關於船舶之碰撞，得向下列法院起訴：

(1)被告之住所或營業所所在地之法院（海商法第一百零一條第一款）。

　　此乃民事訴訟法上所稱之「以原就被」原則，其目的在防止原告濫訴。

(2)碰撞發生地之法院（海商法第一百零一條第二款）。此與民事訴訟法第十五條第一項之規定相同。

(3)被告船舶船籍港之法院（海商法第一百零一條第三款）。所謂被告船舶船籍港之法院，係指起訴時被告船舶船籍港而言。此款與民事訴訟法第十五條第二項之規定相同。

(4)船舶扣押地之法院（海商法第一百零一條第四款）。此款與民事訴訟法第十五條第二項之規定相同。

(5)當事人合意地之法院（海商法第一百零一條第五款）。為便利實務上，不同國籍船舶碰撞，為求公平，合意於第三國之法院訴訟。

(6)受害船舶最初到達地之法院（民事訴訟法第十五條第二項）。

結論

㈠託運人 A 與運送人甲船所有人訂有貨物運送契約，運送人應依運送契約之約定，將託運人 A 之貨物運至目的港交付受貨人。又因甲船船長過失撞及乙船，致 A 之貨物發生損害，運送人甲船所有人不僅債務不履行，且就受僱人船長之侵權行為（民法第一百八十四條第一項），應依民法第一百八十八條負連帶賠償責任。係屬運送契約責任與侵權行為責任之競合問題。然在本船貨載原則上應先依契約規定處理。運送人甲船所有人已盡海商法第六十二條及第六十三條所規定之商業上注意義務，根據海商法第六十九條第一款之規定，因船長於航行上之過失所造成託運貨物之毀損或滅失，運送人甲船所有人不負賠償責任。

㈡依據海商法第九十六條之規定，甲船所有人對乙船造成之損害，應負賠償責任。其賠償之金額，根據海商法第二十一條第一項第一款之規定，船長操作船舶直接所致人身傷亡或財物毀損滅失之損害賠償，船舶所有人所負之責任，以本次航行之船舶價值、運費及其他附屬費為限。又因本題係屬對乙船造成損害，如上述責任限制數額低於特別提款權五四計算單位×船舶登記總噸，船舶所有人應補足之（海商法第二十一條第四

項）。是以甲船所有人對乙船之損害，得主張海商法第二十一條之責任限制。甲船所有人對乙船所負之侵權行為損害賠償債務，乙船所有人之損害賠償債權，依據海商法第二十四條第一項第四款之規定，對甲船所有人，有海事優先權。

㈢依據海商法第九十六條之規定，碰撞係因於一船舶之過失所致者，由該船舶負損害賠償責任。本題中，船舶之碰撞係由甲船之過失所致，甲船所有人應負損害賠償責任。縱使甲船有所損害，亦不得向無過失之乙船所有人請求損害賠償。

㈣現行我國海商法關於加害船舶之扣押，規定於海商法第一百條（請參見上述解析㈢ 4.）；船舶碰撞之管轄，規定於第一百零一條（請參見上述解析㈢ 5.）。民事訴訟法關於船舶碰撞管轄之規定，則規定於民事訴訟法第十五條第一項及第二項。分別由侵權行為地、受損害船舶最初到達地、加害船舶被扣留地或其船籍港之法院管轄。海商法與民事訴訟法關於船舶碰撞管轄之規定，不同點在於海商法增列被告之住所或營業所所在地之法院及當事人合意之法院；民事訴訟法則規定受損害船舶最初到達地之法院亦有管轄權，然若未扣押加害船舶，其權利亦無從行使；倘到達地並非中華民國，亦無從此規定，而使外國法院有管轄權。由上分析，海商法所定之管轄法院，顯較民事訴訟之規定為廣，較有利於原告之起訴及訴訟之進行。

練習題

㈠船舶碰撞有共同過失時，其責任如何分擔？試就我國海商法及民法相關之規定，加以比較說明。

㈡海商法關於船舶碰撞法院管轄之規定為何？與民事訴訟法之規定相比，何者較有利於原告之起訴？

參考法條

海商法第 21 條

I 船舶所有人對下列事項所負之責任，以本次航行之船舶價值、運費及其他附屬費為限：一　在船上、操作船舶或救助工作直接所致人身傷亡或財物毀損滅失之損害賠償。二　船舶操作或救助工作所致權益侵害之損害賠償。但不包括因契約關係所生之損害賠償。三　沉船或落海之打撈移除所生之債務。但不包括依契約之報酬或給付。四　為避免或減輕前二款責任所負之債務。

II 前項所稱船舶所有人，包括船舶所有權人、船舶承租人、經理人及營運人。

III 第一項所稱本次航行，指船舶自一港至次一港之航程；所稱運費，不包括依法或依約不能收取之運費及票價；所稱附屬費，指船舶因受損害應得之賠償。但不包括保險金。

IV 第一項責任限制數額如低於下列標準者，船舶所有人應補足之：一　對財物損害之賠償，以船舶登記總噸，每一總噸為國際貨幣基金，特別提款權五四計算單位，計算其數額。二　對人身傷亡之賠償，以船舶登記總噸，每一總噸特別提款權一六二計算單位計算其數額。三　前二款同時發生者，以船舶登記總噸，每一總噸特別提款權一六二計算單位計算其數額。但人身傷亡應優先以船舶登記總噸，每一總噸特別提款權一〇八計算單位計算之數額內賠償，如此數額不足以全部清償時，其不足額再與財物之毀損滅失，共同在現存之責任限制數額內比例分配之。四　船舶登記總噸不足三百噸者，以三百噸計算。

海商法第 24 條

I 下列各款為海事優先權擔保之債權，有優先受償之權：一　船長、海員及其他在船上服務之人員，本於僱傭契約所生之債權。二　因船舶操作直接所致人身傷亡，對船舶所有人之賠償請求。三　救助之報酬、清除沉船費用及船舶共同海損分擔額之賠償請求。四　因船舶操作直接所致陸上或水上財物毀損滅失，對船舶所有人基於侵權行為之賠償請求。五　港埠費、運河費、其他水道費及引水費。

II 前項海事優先權之位次，在船舶抵押權之前。

海商法第 32 條

第二十四條第一項海事優先權自其債權發生之日起，經一年而消滅。但第二十四條第一項第一款之賠償，自離職之日起算。

海商法第 94 條

船舶之碰撞，不論發生於何地，皆依本章之規定處理之。

海商法第 95 條

碰撞係因不可抗力而發生者，被害人不得請求損害賠償。

海商法第 96 條

碰撞係因於一船舶之過失所致者，由該船舶負損害賠償責任。

海商法第 97 條

I 碰撞之各船舶有共同過失時，各依其過失程度之比例負其責任，不能判定其過失之輕重時，各方平均負其責任。

II 有過失之各船舶，對於因死亡或傷害所生之損害，應負連帶責任。

海商法第 98 條

前二條責任，不因碰撞係由引水人之過失所致而免除。

海商法第 99 條

因碰撞所生之請求權，自碰撞日起算，經過兩年不行使而消滅。

海商法第 100 條

I 船舶在中華民國領海、內水、港口、河道內碰撞者，法院對於加害之船舶，得扣押之。

II 碰撞不在中華民國領海、內水、港口、河道內，而被害者為中華民國船舶或國民，法院於加害之船舶進入中華民國領海後，得扣押之。

III 前兩項被扣押船舶得提供擔保，請求放行。

IV 前項擔保，得由適當之銀行或保險人出具書面保證代之。

海商法第 101 條

關於碰撞之訴訟，得向下列法院起訴：一 被告之住所或營業所所在地之法院。二 碰撞發生地之法院。三 被告船舶船籍港之法院。四 船舶扣押地之法院。五 當事人合意地之法院。

問題五六　船舶共同過失之碰撞

　　甲公司之 A 船承運乙公司之一批電線，價值新臺幣貳仟萬，自基隆港前往新加坡，航行途中因航海技術上之過失，撞及丙運送有限公司之 B 船。B 船受損伍仟萬元，A 船本身亦受損壹仟萬元，所承載電線因水漬全毀，經判斷 B 船有百分之三十過失。設 A 船發航時之價值為伍仟萬元，事故後到達第一港口之價值為參仟萬元。事故發生後因甲公司從事股票投機，逢股市崩盤而破產。試附具理由答覆下列問題：

一、乙公司因 A 船之碰撞，得對甲公司為如何之主張？是否受甲公司破產之影響？

二、乙公司得對丙公司為如何之主張？法律上之依據如何？其可請求之數額為多少？

三、丙公司得對甲公司為如何之主張？如能，其得請求之數額為多少？是否受甲公司破產之影響？

解析

此涉及船舶共同過失碰撞之法律關係，因問題五五已對船舶碰撞之法律關係，不論是一方過失或雙方過失均已探討，故請自行參閱，不再贅述。

結論

㈠乙公司與甲公司訂有貨物運送契約，乙之電線全損，係因 A 船與 B 船之共同過失所致，乙對甲公司可主張債務不履行之損害賠償責任，與侵權行為之損害賠償責任，二者為請求權競合之問題。本題中，乙之貨物全損，若因船長及海員等運送人之履行輔助人之航海技術上過失所導致時，運送人若可舉證證明已盡海商法第六十二條及第六十三條之注意義務，則甲公司可依海商法第六十九條第一款之規定，主張免責。

㈡惟若本題中乙之貨物全損，係因運送人甲公司航海技術上過失所導致時，甲公司僅可依海商法第二十一條第一項第一款，主張船舶所有人責任限

制。又依海商法第九十七條第一項之規定,碰撞之各船舶有共同過失時,各依其過失程度之比例負其責任。今 A 船有百分之七十過失,乙之損失2000 萬元,乙可向甲主張之數額為 2000 萬×70%=1400 萬元。

㈢乙公司與丙公司並未簽訂貨物運送契約,乙公司就其貨物全損之損害,僅可對丙公司主張侵權行為之損害賠償責任。丙公司亦無主張海商法第六十九條之免責問題。惟丙公司可依海商法第二十一條第一項第一款主張船舶所有人責任限制;乙公司亦可依海商法第二十四條第一項第四款,主張海事優先權。

㈣本題中,丙公司有百分之三十過失,乙公司依據海商法第九十七條第一項之規定,可對丙主張之數額為: 2000 萬×30%=600 萬元。

㈤就甲公司之 A 船撞及丙公司之 B 船部份,丙公司可向甲公司主張侵權行為之損害賠償責任。惟就 A 船之 1000 萬損害部份,丙公司具 30% 過失,須負擔 300 萬之賠償責任,故丙公司雖可向甲公司主張 B 船所受損害:5000 萬×70%=3500 萬。但二者可否抵銷?學說上有交叉責任制與單一責任制二種。為保護船舶所有人之利益,使之均能向保險人索賠,一般航運界及保險界,均採交叉責任制。即丙公司可向甲公司主張之數額為3500 萬元。

㈥就丙公司之請求,甲公司可根據海商法第二十一條第一項第一款之規定,主張所有人責任限制;丙公司則可依海商法第二十四條第一項第四款主張海事優先權。海事優先權解釋上亦為破產法第一百零八條第一項所稱之別除權,故不受甲公司破產之影響,且此一海事優先權,依海商法第三十一條之規定,具有追及性。

練習題

㈠A 所屬之 X 輪裝載 K 價值 1000 萬元之貨物,自基隆港前往高雄港。於航海途中,因船長之過失,與 B 所屬之 Y 輪相撞。X 輪上 K 之貨物全毀,Y 輪上之貨物損失為 1 億元。經高雄港務局海事評議會判斷結果,X 輪確為航海技術上之過失(航海過失),而 Y 輪亦有 40% 過失。就此

案例，試具理由回答下列問題：

1. A 向 K 得否主張免責？若無法主張免責，則 K 向 A 所得請求之賠償金額為何？其優先權屬於海商法第二十四條之第幾優先？

2. B 向 K 得否主張免責？若無法主張免責，則 K 向 B 所得請求之賠償金額為何？其優先權屬於海商法第二十四條之第幾優先？

3. A 對 Y 輪上貨物所受之損害，得否主張責任限制？

參考法條

海商法第 21 條第 1 項

船舶所有人對下列事項所負之責任，以本次航行之船舶價值、運費及其他附屬費為限：一　在船上、操作船舶或救助工作直接所致人身傷亡或財物毀損滅失之損害賠償。二　船舶操作或救助工作所致權益侵害之損害賠償。但不包括因契約關係所生之損害賠償。三　沉船或落海之打撈移除所生之債務。但不包括依契約之報酬或給付。四　為避免或減輕前二款責任所負之債務。

海商法第 24 條第 1 項

下列各款為海事優先權擔保之債權，有優先受償之權：一　船長、海員及其他在船上服務之人員，本於僱傭契約所生之債權。二　因船舶操作直接所致人身傷亡，對船舶所有人之賠償請求。三　救助之報酬、清除沉船費用及船舶共同海損分擔額之賠償請求。四　因船舶操作直接所致陸上或水上財物毀損滅失，對船舶所有人基於侵權行為之賠償請求。五　港埠費、運河費、其他水道費及引水費。

海商法第 31 條

海事優先權，不因船舶所有權之移轉而受影響。

海商法第 69 條

因下列事由所發生之毀損或滅失，運送人或船舶所有人不負賠償責任：一　船長、海員、引水人或運送人之受僱人，於航行或管理船舶之行為而有過失。二　海上或航路上之危險，災難或意外事故。三　非由於運送人本人之故意或過失所生之火災。四　天災。五　戰爭行為。六　暴動。七　公共敵人之行為。八　有權力者之拘捕、限制或依司法程序之扣押。九　檢疫限制。十　罷工或其他勞動事故。十一　救助或意圖救助海上人命或財產。十二　包裝不固。十三　標誌不足或不符。十四　因貨物之固有瑕疵、品質或特性所致之耗損或其他毀損滅失。十五　貨物所有人、託

運人或其代理人、代表人之行為或不行為。十六　船舶雖經注意仍不能發現之隱有瑕疵。十七　其他非因運送人或船舶所有人本人之故意或過失及非因其代理人、受僱人之過失所致者。

海商法第 97 條第 1 項

碰撞之各船舶有共同過失時，各依其過失程度之比例負其責任，不能判定其過失之輕重時，各方平均負其責任。

破產法第 108 條第 1 項

在破產宣告前，對於債務人之財產有質權、抵押權或留置權者，就其財產有別除權。

甲公司之 A 輪在海上發生海難，該輪船長立即發出求救信號。B 輪知悉後，立即前往施救並救出 A 輪之船長、海員及旅客；C 輪知悉後，亦前往施救並救出 A 輪之貨載數批。請問：

一、海難中，船長對人命是否負有救助之義務？可否請求給付報酬？

二、B 輪就救人部份，可否請求報酬？

三、C 輪就救物部份，可否請求報酬？

解析

(一)海難救助之意義：海難救助，係指無法律上義務之人，於他人之船貨或人命在海上遭遇緊急危難時，予以救助之行為。依我國海商法之規定，海難救助可分為救助與撈救兩種，二者在程度上雖有區別，但在適用法律上，則無不同。

(二)海難救助之性質：海難救助之法律性質，通說認為施救者係未受委任，並無義務而為被施救者為施救或撈救之行為，屬於民法第一百七十二條所稱之無因管理。故海難救助除適用海商法第五章各條之規定外，尚可適用民法關於無因管理之規定。至於其他基於契約而生之救助行為，則視其契約類型為承攬或僱傭，而分別依該法律關係，定其權利義務。

(三)對人救助之報酬：海難救助之標的，不以物為限，亦包括人命。惟對人救助與對物救助不同點在於：

1.船長有盡力救助人命之義務（海商法第一百零二條、第一百零九條），違反者，依刑法第二百九十四條之違背義務遺棄罪論處。

2.對人救助，乃履行道德上義務，原則上無報酬請求權。惟於實行施救中救人者，對於船舶及財物救助報酬金，有參加分配之權（海商法第一百零七條），以免施救中爭先搶救財物，而置人命於不顧。至於分配報酬之比例，依據海商法第一百零六條準用第一百零五條之規定，應由當事人協議定之，協議不成時，得提付仲裁或請求法院裁判之。

(四)對物救助之報酬:

1. 報酬請求權之成立要件

對於船舶或船舶上財物施以救助而有效果者,得按其效果請求相當之報酬。至於施救人之報酬請求權,自救助完成日起二年間不行使而消滅(海商法第一百零三條第一項、第四項)。茲分析其要件如下:

(1)無救助義務

亦即施救人須未受委任,並無義務,而提供救助服務。若基於救助契約或其他公法上之義務,則無本條之適用。

(2)救助之標的限於船舶或貨載

依據海商法第一百零三條第一項之規定,救助之標的限於船舶或船舶上財物。惟為鼓勵海難救助、發揮人類見義勇為之道德情操並保護人類生存之環境,實應將海商法第一百零三條第一項之救助標的,擴大及於船舶、貨載、船舶上之財物、貨物、旅客之運費及其他海上財產。

(3)須未經以正當理由拒絕施救

雖海難發生,然被施救人能自力脫困,無須他人施救,經以正當理由拒絕施救,而仍強為施救時,不得請求報酬(海商法第一百零八條)。

(4)救助有效果

救助報酬之基本原則係無效果無報酬,故對於船舶或船舶上財物施以救助而有效果時,得按其效果請求相當之報酬(海商法第一百零三條第一項)。此項原則之例外係施救人所施救之船舶或船舶上貨物,有損害環境之虞者,施救人得向船舶所有人請求與實際支出費用同額之報酬;其救助行為對於船舶或船舶上貨物所造成環境之損害已有效防止或減輕者,得向船舶所有人請求與實際支出費用同額或不超過其費用一倍之報酬(海商法第一百零三條第二項)。

2. 報酬請求權之當事人

報酬請求權之債權人為實施救助之人。屬於同一所有人之船舶救助,

仍得請求報酬（海商法第一百零四條第一項）。報酬請求權之債務人為船舶所有人或貨載所有人。拖船對於被拖船施以救助者，仍得請求報酬，但以非為履行該拖船契約者為限（海商法第一百零四條第二項）。

3. 報酬金額之酌定

關於報酬金額之酌定，海商法未規定具體標準，僅規定對於船舶或船舶上財物施以救助而有效果者，得按其效果請求相當之報酬（海商法第一百零三條第一項）。施救人所施救之船舶或船舶上貨物，有損害環境之虞者，施救人得向船舶所有人請求與實際支出費用同額之報酬；其救助行為對於船舶或船舶上貨物所造成環境之損害已有效防止或減輕者，得向船舶所有人請求與實際支出費用同額或不超過其費用一倍之報酬（海商法第一百零三條第二項）。施救人同時有前二項報酬請求權時，前項報酬應自第一項可得請求之報酬中扣除之（海商法第一百零三條第三項）。此外，海商法第一百零五條規定：「救助報酬由當事人協議定之，協議不成時，得提付仲裁，或請求法院裁判之。」

4. 海難救助報酬之優先受償

為鼓勵海難救助，海難救助之報酬，為海事優先權擔保之債權，有優先受償之權（海商法第二十四條第一項第三款）。

結論

㈠在一般海難及船舶碰撞時，依據海商法第一百零二條及第一百零九條之規定，船長對於人命均負有救助之義務。此為船長之公法上義務，違反者，依刑法第二百九十四條：「I 對於無自救力之人，依法令或契約應扶助、養育或保護，而遺棄之，或不為其生存所必要之扶助、養育或保護者，處六月以上五年以下有期徒刑。II 因而致人於死者，處無期徒刑或七年以上有期徒刑，致重傷者，處三年以上十年以下有期徒刑。」之規定處置。此外，我國海商法雖規定船長有救人之責任，但因對人救助，乃履行道德上之義務，非可以金錢之報酬衡量，故原則上不承認施救者之報酬請求權。除非於實行施救中救人時，對於船舶及財物之救助報酬金，

才有參加分配之權（海商法第一百零七條），以免施救者圖得報酬，重於救物，而輕於救人。若單純救人並無船貨同時被救，則自無參加分配權可言。

㈡B 輪就救人部份，原則上無報酬請求權。對人救助，乃履行道德上之義務，非可以金錢之報酬衡量，故原則上不承認施救者之報酬請求權。除非於實行施救中救人時，對於船舶及財物之救助報酬金，才有參加分配之權（海商法第一百零七條），以免施救者圖得報酬，重於救物，而輕於救人。若單純救人並無船貨同時被救，則自無參加分配權可言。

㈢C 輪就救物部份，依據我國海商法第一百零三條第一項之規定，對於船舶或船舶上財物施以救助而有效果者，得按其效果請求相當之報酬。且此項報酬，根據海商法第二十四條第一項第三款之規定，為海事優先權所擔保之債權，可優先於抵押權而受償。

練習題

㈠海難中，船長對人、對物是否均負有救助之義務？可否請求給付報酬？該給付報酬金額應如何決定與分配？請分別說明之。

㈡海難救助報酬是否為海事優先權所擔保之債權？

參考法條

海商法第 24 條

I 下列各款為海事優先權擔保之債權，有優先受償之權：一 船長、海員及其他在船上服務之人員，本於僱傭契約所生之債權。二 因船舶操作直接所致人身傷亡，對船舶所有人之賠償請求。三 救助之報酬、清除沉船費用及船舶共同海損分擔額之賠償請求。四 因船舶操作直接所致陸上或水上財物毀損滅失，對船舶所有人基於侵權行為之賠償請求。五 港埠費、運河費、其他水道費及引水費。

II 前項海事優先權之位次，在船舶抵押權之前。

海商法第 102 條

船長於不甚危害其船舶、海員、旅客之範圍內，對於淹沒或其他危難之人應盡力救助。

海商法第 103 條

I 對於船舶或船舶上財物施以救助而有效果者，得按其效果請求相當之報酬。

II 施救人所施救之船舶或船舶上貨物，有損害環境之虞者，施救人得向船舶所有人請求與實際支出費用同額之報酬；其救助行為對於船舶或船舶上貨物所造成環境之損害已有效防止或減輕者，得向船舶所有人請求與實際支出費用同額或不超過其費用一倍之報酬。

III 施救人同時有前二項報酬請求權者，前項報酬應自第一項可得請求之報酬中扣除之。

IV 施救人之報酬請求權，自救助完成日起二年間不行使而消滅。

海商法第 104 條

I 屬於同一所有人之船舶救助，仍得請求報酬。

II 拖船對於被拖船施以救助者，得請求報酬。但以非為履行該拖船契約者為限。

海商法第 105 條

救助報酬由當事人協議定之，協議不成時，得提付仲裁或請求法院裁判之。

海商法第 106 條

前條規定，於施救人與船舶間，及施救人間之分配報酬之比例，準用之。

海商法第 107 條

於實行施救中救人者，對於船舶及財物救助報酬金，有參加分配之權。

海商法第 108 條

經以正當理由拒絕施救，而仍強為施救者，不得請求報酬。

海商法第 109 條

I 船舶碰撞後，各碰撞船舶之船長於不甚危害其船舶、海員或旅客之範圍內，對於他船舶船長、海員及旅客應盡力救助。

II 各該船長，除有不可抗力之情形外，在未確知繼續救助為無益前，應停留於發生災難之處所。

III 各該船長，應於可能範圍內，將其船舶名稱及船籍港並開來及開往之處所，通知於他船舶。

民法第 172 條

未受委任，並無義務，而為他人管理事務者，其管理應依本人明示或可得推知之意思，以有利於本人之方法為之。

刑法第 294 條

I 對於無自救力之人，依法令或契約應扶助、養育或保護，而遺棄之，或不為其生存所必要之扶助、養育或保護者，處六月以上五年以下有期徒刑。

II 因而致人於死者，處無期徒刑或七年以上有期徒刑，致重傷者，處三年以上十年以下有期徒刑。

問題五八　共同海損

> 貨櫃運送，裝載於甲板上之貨物經投棄者，應否認為共同海損？運送人對於未清償共同海損分擔額之貨物，得否主張留置權？

解析

㈠共同海損之定義，依據海商法第一百十條之規定，係指在船舶航程期間，為求共同危險中全體財產之安全所為故意及合理處分，而直接造成之犧牲及發生之費用。經船長於海難中投棄之貨櫃，應為海商法第一百十條所稱之「全體財產」。

㈡甲板運送與共同海損：

依據海商法第一百十六條規定：「未依航運習慣裝載之貨物經投棄者，不認為共同海損犧牲。但經撈救者，仍應分擔共同海損。」茲分析如下：

　1.未依航運習慣裝載之貨物經投棄時，不認為共同海損

　　未依航運習慣裝載之貨物，如某貨物本應裝載於船艙內，卻將之裝載於甲板上，當其被投棄時，不應認為係共同海損之犧牲。因貨物未經航運習慣裝載，本可推定當事人早有犧牲該貨物之默示；且未依航運習慣裝載貨物之損害，本難判明其損害之原因；此外，未依航運習慣裝載之貨物，往往危及船舶之安全，本應先予以投棄，故不認為共同海損，貨載之所有人僅能向運送人或船長請求損害賠償。

　2.依航運習慣裝載之貨物經投棄時，仍認為共同海損

　　依航運習慣裝載之貨物，如遠洋航海時，習慣上將煤礦、鐵沙及木材等貨物，裝載於甲板上。此類貨物經投棄時，仍應認為共同海損之犧牲。此即海商法第七十三條所稱之「運送人或船長如將貨物裝載於甲板上，致生毀損或滅失時，應負賠償責任。但經託運人之同意並載明於運送契約或航運種類或商業習慣所許者，不在此限。」

㈢貨櫃運送裝載於甲板，是否合於航運習慣？依 1993 年信用狀統一慣例第三十一條之修正，讓貨櫃輪在構造上，設計可將貨櫃裝載於甲板上，運

送人不可能將甲板上裝載之空間閒置不用，亦無須向託運人保證其貨載必定裝載於甲板下。未經託運人同意而將其貨櫃裝載於甲板上時，可否認為新航運種類或商業習慣所許者，學說見解不同，茲說明如下：

1. 肯定說

貨櫃輪之甲板運送，應屬「航運種類所許」之合法甲板運送，如此解釋，方不致使運送人負過重之損害賠償責任，且運送人依據海商法第六十三條之規定，仍應負貨物之照管義務，對託運人仍無不利之情形。

2. 否定說

貨櫃裝載於甲板上，其抗拒海上危險之程度，與裝載在船艙內之貨櫃相較仍有相當差異。未經託運人同意之貨櫃輪甲板運送，不得認為新航運種類或商業習慣所許。

3. 折衷說

應區分為全貨櫃輪或非全貨櫃輪而有不同評價，在全貨櫃輪之甲板運送，應推定已經託運人之同意；在非全貨櫃輪之甲板運送，則須經託運人之同意才可合法化其運送。

以上三說，管見以為否定說對運送人責任過於嚴苛，且忽視現行航運之現狀，而折衷說以全貨櫃輪或非全貨櫃輪而有不同評價，亦未見其區分之有力證據，故應以肯定說為宜。在肯定說之見解下，貨櫃運送之場合，貨櫃之投棄，既可認為係依航運習慣裝載於甲板之貨物之投棄，故仍應列為共同海損。

(四)共同海損之貨物留置權：

共同海損之分擔責任，為一種物之有限責任，其債權之保護與一般債權之保護不同。為保護運送人及共同海損債權人之共同利益，海商法第一百二十二條規定：「運送人或船長對於未清償分擔額之貨物所有人，得留置其貨物。但提供擔保者，不在此限。」故貨物之所有人於請求交付貨物時，應先清償其分擔額，或就其分擔額提供相當之擔保，否則運送人或船長得行使留置權。但此分擔額之計算，曠日廢時，故實務上，均以提供保證金之方式為之，藉以方便日後之執行。

結　論

㈠貨櫃運送之場合，貨櫃之投棄，可認為係依航運習慣裝載於甲板之貨物之投棄，依據海商法第一百十六條本文之反面解釋，應列為共同海損。

㈡海商法第一百二十二條規定：「運送人或船長對於未清償分擔額之貨物所有人，得留置其貨物。但提供擔保者，不在此限。」故貨物之所有人於請求交付貨物時，應先清償其分擔額，或就其分擔額提供相當之擔保，否則運送人或船長得行使留置權。

練習題

㈠目前貨櫃運送極為流行，在海難中，船長為避免船舶及貨載之共同危險所為貨櫃之投棄，應否認為共同海損？

㈡自臺灣裝船運至美國之貨物，其船轉往香港滯留二星期後，再回臺灣裝貨，乃開往美國，中途遇難，支出修理費及救助費。此項損失是否為共同海損？第一批貨主是否須分擔共同海損？如經保險者，保險人於此損失之賠償責任若何？

參考法條

海商法第 73 條

運送人或船長如將貨物裝載於甲板上，致生毀損或滅失時，應負賠償責任。但經託運人之同意並載明於運送契約或航運種類或商業習慣所許者，不在此限。

海商法第 110 條

稱共同海損者，謂在船舶航程期間，為求共同危險中全體財產之安全所為故意及合理處分，而直接造成之犧牲及發生之費用。

海商法第 116 條

未依航運習慣裝載之貨物經投棄者，不認為共同海損犧牲。但經撈救者，仍應分擔共同海損。

海商法第 122 條

運送人或船長對於未清償分擔額之貨物所有人，得留置其貨物。但提供擔保者，不在此限。

保險人之免責規定

　　我國海商法第一百三十一條規定:「因要保人或被保險人或其代理人之故意或重大過失所致之損失,保險人不負賠償責任。」而保險法第二十九條第二項則規定:「保險人對於由要保人或被保險人之過失所致之損害,負賠償責任。但出於要保人或被保險人之故意者,不在此限。」請問:

一、因被保險人之重大過失所致之損失,依海商法之規定似不負賠償責任。但是依保險法之規定,被保險人因過失所致之損害,保險人則須負賠償責任。依此,保險法第二十九所規定之過失,是否應包括重大過失? 理由為何?

二、因被保險人之代理人故意所致之損失,保險人不負賠償之責,此為海商法所明定;而保險法則未將被保險人之代理人故意所致之損害,列為保險人免責之事項,理由為何? 請詳述之。

解析及結論

㈠保險法第二十九條第二項之過失,是否包括重大過失? 學說有二:

1. 否定說

　　此說認為保險法第二十九條第二項之過失,並不包括重大過失。其理由如下:

　　⑴重大過失雖非故意,但其未盡注意義務之程度,幾乎等同故意。此觀察民法第二百二十二條規定,故意或重大過失之責任,不得預先免除。亦可得知立法者認為故意與重大過失之程度,幾無差別。對於重大過失之肆無忌憚之態度及行為,不值得鼓勵。

　　⑵民法第二百二十二條規定:「故意或重大過失之責任,不得預先免除。」倘保險人對於被保險人之重大過失所致之保險事故,仍應給付保險金,則無異於預先免除其重大過失責任,顯與民法之精神不符。

2. 肯定說

　　此說認為保險法第二十九條第二項之過失,包括重大過失。其理由如下:

(1)重大過失雖與故意相去不遠，但仍非故意。既非故意，即屬偶然性之事故，仍符合保險法第二十九條之意旨。

(2)民法第二百二十二條係適用於限制當事人關於過失責任之約定，若過失責任之輕重，係由法律直接規定時，則不在此限。

以上二說皆言之有理，管見以為應採否定說。蓋為貫徹民法第二百二十二條之規定，不應讓被保險人之重大過失所致之損害，由保險人負責。更何況保險契約為最大善意契約，不應縱容要保人或被保險人恣意疏忽。

㈡被保險人之代理人故意所致之損害，原為保險人免責之事項，然於修法中被刪除。其理由如下：

1.代理人設置之目的是為被保險人而設，若因代理人之行為反而使被保險人因此不能受領保險給付，顯與代理人設置之目的有違。

2.代理人所為之行為，依民法第一百零三條第一項之規定，限於法律行為，侵權行為則不包括。

3.保險法第二十九條第一項規定，保險人對於由不可預料或不可抗力之事故所致之損害，負賠償責任。而代理人之行為對於要保人或被保險人而言，正是不可預料之事故，保險人不應因此免責。

基於上述理由，將保險法第二十九條有關代理人之部份刪除，使保險人在符合偶發性原則下，應為給付。

練習題

㈠保險法第二十九條第二項規定：「保險人對於由要保人或被保險人之過失所致之損害，負賠償責任。但出於要保人或被保險人之故意者，不在此限。」今甲投保人壽保險，一日搶越平交道，致被火車撞斃，請問可否請求保險金額？

㈡甲向 A 保險公司投保車體險，向 B 保險公司投保人壽險。某日，其受僱人乙駕車載甲出遊，乙因過失而撞上路邊之電線桿，導致車子毀損。又某日，甲自己開車，因搶越平交道，而被火車撞斃。試具理由，回答下列問題：

1. 保險公司 A 針對因乙過失而致甲車之毀損，可否拒付保險金額？
2. 保險公司 B 對甲之死亡，可否拒付保險金額？

參考法條

海商法第 131 條

　因要保人或被保險人或其代理人之故意或重大過失所致之損失，保險人不負賠償責任。

保險法第 29 條

I　保險人對於由不可預料或不可抗力之事故所致之損害，負賠償責任。但保險契約內有明文限制者，不在此限。

II　保險人對於由要保人或被保險人之過失所致之損害，負賠償責任。但出於要保人或被保險人之故意者，不在此限。

民法第 103 條第 1 項

　代理人於代理權限內，以本人名義所為之意思表示，直接對本人發生效力。

民法第 222 條

　故意或重大過失之責任，不得預先免除。

甲公司以其 **A** 輪，向乙產物保險股份有限公司投保船舶保險。**A** 輪於航行中突然音訊中斷，之後一直無法連絡。請問：

一、甲公司可否以其 **A** 輪，委付乙產物保險股份有限公司，而請求給付全部之保險金額？

二、海上保險之委付，究為單獨行為或契約？

三、海商法第一百五十二條所定委付權利之行使期間，究為時效期間抑或除斥期間？

解析

㈠海上保險之委付，係指被保險人於發生法定委付原因時，得將保險標的物之一切權利移轉於保險人，而請求支付該保險標的物之全部保險金額之行為（海商法第一百四十二條）。

㈡委付之成立要件，可分為實質要件與形式要件，茲說明如下：

　1.實質要件

　　委付之實質要件，係指委付之原因而言。可分為船舶委付之原因（海商法第一百四十三條）、貨物委付之原因（海商法第一百四十四條）、運費委付之原因（海商法第一百四十五條），及應有利得委付之原因。茲說明如下：

　　⑴船舶委付之原因：

　　　依據海商法第一百四十三條之規定：「Ⅰ 被保險船舶有下列各款情形之一時，得委付之： 一　船舶被捕獲時。二　船舶不能為修繕或修繕費用超過保險價額時。三　船舶行蹤不明已逾二個月時。四　船舶被扣押已逾二個月仍未放行時。Ⅱ 前項第四款所稱扣押，不包含債權人聲請法院所為之查封、假扣押及假處分。」

　　⑵貨物委付之原因：

　　　依據海商法第一百四十四條之規定：「被保險貨物有下列各款情形之

一時，得委付之：一　船舶因遭難，或其他事變不能航行已逾二個月而貨物尚未交付於受貨人、要保人或被保險人時。二　裝運貨物之船舶，行蹤不明，已逾二個月時。三　貨物因應由保險人負保險責任之損害，其回復原狀及繼續或轉運至目的地費用總額合併超過到達目的地價值時。」

(3)運費委付之原因：

依據海商法第一百四十五條之規定：「運費之委付，得於船舶或貨物之委付時為之。」

(4)應有利得委付之原因：

應有利得委付之原因，海商法並無明文，但解釋上應採肯定見解。因應有利得既為貨物到達後可預期之利益，依據海商法第一百二十七條之規定，其可為海上保險之標的，則有關應有利得之委付，應比照貨物之委付辦理。

2.形式要件

(1)須被保險人有委付之意思表示：

因委付為法律行為，故委付應以意思表示為之。是否委付，被保險人有決定之自由，但一旦選擇委付，應以保險標的物之全部為之（海商法第一百四十六條第一項本文），不可部份委付，以免法律關係過於複雜。且委付之目的，在於迅速解決當事人間之法律關係，故委付不得附條件（海商法第一百四十六條第二項）。

(2)須經承諾或判決：

依據海商法第一百四十七條第一項之規定：「委付經承諾或經判決為有效後，自發生委付原因之日起，保險標的物即視為保險人所有。」故委付經被保險人為委付之意思表示後，尚須經保險人承諾，若保險人不為承諾，被保險人須提起給付之訴，請求法院判決，經判決確定後，自發生委付原因之日起，保險標的物即視為保險人所有。

(三)委付之效力有二：

1.保險標的物權利之移轉

依據海商法第一百四十七條第一項之規定:「委付經承諾或經判決為有效後,自發生委付原因之日起,保險標的物即視為保險人所有。」此種移轉,係法定移轉,無須被保險人為讓與行為,不須履行海商法第八條船舶讓與之要件,從委付發生原因之日起,保險人即可取得船舶之所有權。

2.保險金額之給付

根據海商法第一百五十條之規定:「I保險人應於收到要保人或被保險人證明文件後三十日內給付保險金額。II保險人對於前項文件如有疑義,而要保人或被保險人提供擔保時,仍應將保險金額全部給付。III前項情形,保險人之金額返還請求權,自給付後經過一年不行使而消滅。」故被保險人委付後,即與現實全損相同,保險人既取得保險標的物之權利,自應對之給付全部之保險金額。

(四)委付之時效:

委付權利之行使期間,依據海商法第一百五十二條之規定:「委付之權利,於知悉委付原因發生後,自得為委付之日起,經過二個月不行使而消滅。」惟此所消滅者,僅委付之權利而已,被保險人基於保險契約所生之權利,根據保險法第六十五條之規定,自得請求之日起,經過二年不行使才消滅。此外,此之二個月,應為除斥期間,而非消滅時效,不得延長或縮短,亦不因要保人或被保險人行使委付權而中斷。因委付之制度在於保護要保人或被保險人之利益,若委付權人不為委付,顯無加以保護之必要,應使委付之權利消滅,且為使海事法律關係早日確定,亦應採除斥期間為宜。

結論

(一)甲在A輪行蹤不明超過二個月時,得將A輪之一切權利移轉於乙產物保險股份有限公司,並請求給付保險金額(海商法第一百四十二條、第一百四十三條第一項第三款、第一百五十條)。

(二)海上保險之委付,究為單獨行為或契約?國內學說見解不定。茲說明如下:

1. 單獨行為說

　(1)海商法第一百四十七條所稱之「委付經承諾或判決為有效後」，關於保險人之承諾或法院之判決有效，僅保險人肯定委付之原因或法院確認有委付之原因，僅具有確認之性質。海商法第一百四十七條之規定，並不允許保險人關於承諾與否或承諾之內容有選擇權。

　(2)委付之生效日係自發生委付原因之日起（海商法第一百四十七條第一項），並非自保險人承諾或法院判決確定之日起。

　(3)與單獨行為不得附條件之性質相同，委付不得附條件（海商法第一百四十六條第二項），其立法理由在使法律關係單純及效果明確。

2. 契約說

　依據海商法第一百四十七條第一項規定：「委付經承諾或經判決為有效後，自發生委付原因之日起，保險標的物即視為保險人所有。」可知委付並非單獨行為，須經保險人承諾，若保險人不為承諾，被保險人須提起給付之訴，經訴請法院獲得保險人承諾意思表示之勝訴確定判決時，依強制執行法第一百三十條「命債務人為一定意思表示之判決確定者，視為自其確定時，債務人已為意思表示。」之規定，可將「確定判決」，視為「保險人之承諾」。另外，委付之生效時間自發生委付原因之日起，係指委付之溯及效力，與委付之性質無關。

以上二說，學者通說及實務見解均採契約說。管見亦採契約說，因為根據海商法第一百四十七條第一項之規定，委付須經保險人承諾或以法院之確定判決取代保險人承諾後，方為有效。而委付係權利，亦為法律行為，須被保險人為委付之意思表示，委付即在被保險人之要約下，經保險人之承諾為有效，故委付在現行海商法之規定下，應採契約說為宜。

㈢委付權利之行使期間，應為除斥期間，而非消滅時效，不得延長或縮短，亦不因要保人或被保險人行使委付權而中斷。因委付之制度在於保護要保人或被保險人之利益，若委付權人不為委付，顯無加以保護之必要，應使委付之權利消滅，且為使海事法律關係早日確定，亦應採除斥期間為宜。

練習題

㈠船舶優先權是否因被保險船舶委付而消滅？試述理由以對。

㈡試依我國海商法之規定，回答下列問題：

1. 海上保險之委付，究為單獨行為或契約行為？

2. 海商法第一百五十二條所定委付權利之行使期間，究為時效期間或除斥期間？

參考法條

海商法第 127 條第 1 項

凡與海上航行有關而可能發生危險之財產權益，皆得為海上保險之標的。

海商法第 142 條

海上保險之委付，指被保險人於發生第一百四十三條至第一百四十五條委付原因後，移轉保險標的物之一切權利於保險人，而請求支付該保險標的物全部保險金額之行為。

海商法第 143 條

I 被保險船舶有下列各款情形之一時，得委付之：一　船舶被捕獲時。二　船舶不能為修繕或修繕費用超過保險價額時。三　船舶行蹤不明已逾二個月時。四　船舶被扣押已逾二個月仍未放行時。

II 前項第四款所稱扣押，不包含債權人聲請法院所為之查封、假扣押及假處分。

海商法第 144 條

被保險貨物有下列各款情形之一時，得委付之：一　船舶因遭難，或其他事變不能航行已逾二個月而貨物尚未交付於受貨人、要保人或被保險人時。二　裝運貨物之船舶，行蹤不明，已逾二個月時。三　貨物因應由保險人負保險責任之損害，其回復原狀及繼續或轉運至目的地費用總額合併超過到達目的地價值時。

海商法第 145 條

運費之委付，得於船舶或貨物之委付時為之。

海商法第 146 條

I 委付應就保險標的物之全部為之。但保險單上僅有其中一種標的物發生委付原因時，得就該一種標的物為委付請求其保險金額。

II 委付不得附有條件。

海商法第 147 條

I 委付經承諾或經判決為有效後，自發生委付原因之日起，保險標的物即視為保險人所有。

II 委付未經承諾前，被保險人對於保險標的物之一切權利不受影響。保險人或被保險人對於保險標的物採取救助、保護或回復之各項措施，不視為已承諾或拋棄委付。

海商法第 150 條

I 保險人應於收到要保人或被保險人證明文件後三十日內給付保險金額。

II 保險人對於前項證明文件如有疑義，而要保人或被保險人提供擔保時，仍應將保險金額全部給付。

III前項情形，保險人之金額返還請求權，自給付後經過一年不行使而消滅。

海商法第 152 條

委付之權利，於知悉委付原因發生後，自得為委付之日起，經過二個月不行使而消滅。

公司法實例研習 曾淑瑜／著

本書不採傳統教科書模式，而以實例導引出各章、節重點，共設計了一百二十個問題，每一個問題之後還有二個練習題，可以讓目前對國家考試實例題頭痛之學子於課後練習。當然，本書亦將題目列舉於目次上，讓實務從業者在遇到相關問題時，亦可迅速從目次中找到爭議問題之所在，翻閱解答。

刑法分則實例研習 — 個人法益之保護 曾淑瑜／著

本書嘗試使用英美法案例式的寫作導引出相關概念及問題，且適時將實務案例穿插其中，使理論及實踐並進；又每一問題最後亦列舉二相關問題供讀者練習，期增加學習效果。按刑法分則中個人法益犯罪乃是我國社會最常見的犯罪型態，故本書依刑法個人法益犯罪條文的編排次序設計三十個問題，以擺脫傳統教科書的窠臼。

海商法 鄭玉波／著　林群弼／修訂

鄭玉波教授之原著《海商法》，本僅一百九十七頁，言簡意賅，深入淺出。兩次修正增補之結果，本書遽然增至三百餘頁，其增補之內容，大多來自修訂者於臺大法律系授課時之講義。增補雖多，但於法條未修正之部分，則儘量保存鄭教授原文之風貌。「原汁原味」之中，讀其文如見其人，觀鄭教授文筆之流暢，說理之清楚，如瞻一代宗師授課時之翩翩風采也。

海商法論 林群弼／著

本書係作者多年來於國立臺灣大學法律系講授海商法之講義。新版內容除以我國現行海商法法規作為論述對象外，更於各章節正文論述之後，加強實務問題之探討，並於各實例演習中，探討「學界之各種見解」、「學界之通說」、「實務界之見解」、「個人之意見及理由」，加強對於海商爭點問題之具體瞭解。

保險法論　林群弼／著

　　本書係作者多年來於國立臺灣大學法律系、淡江大學保險研究所講授保險法之講義彙集而成。除現行保險法規之研究外，尚包括各種爭議問題之解析，及各家學說、實務見解之探討，對於初學者之入門頗有助益，對於研究者之思考，亦深具參考之價值。

民法總則（上）　邱聰智／著

　　本書以各式各樣之體系圖表，來幫助理解、突破民法總則抽象概括之困惑，並參酌引用甚多實務上之重要解釋、判例（決），期使理論與實務結合之實況，可以充分顯現，更有助提升讀者對於法律問題之發掘、思考或解決能力。同時更條分縷析總則與民法其他編章之脈絡關聯，進而綜論其制度體系及體制分合。

最新公證法論　賴來焜／著

　　本書是2001年新公證法施行後的第一本專書，其特色一則由立法者直接說明立法主觀意旨，二則由教法者建立公證法學理論體系與學說基本理論，三則以歸納法將所有實務判解令函詳加介紹，為可供理論研究與實務辦案參考之重要典籍。

基礎國際私法學　賴來焜／著

　　本書係我國以國際私法之基礎理論為中心的第一本專書，就國際私法之概念、適用對象、本質、法源及體系等加以探討，期能突破既存國際私法研究的框架，促成國際私法學的理論化、實用化、商事化與程序化。而作者自國際私法立法論的角度切入，對現行涉外民事法律適用法及法規修正草案所進行的深入分析，更能彌補坊間同類書籍在此一面向上的不足。

商事法　潘維大、范建得、羅美隆／著

　　為因應民國九十年十一月公司法之大幅修正，本書亦配合修訂，期能提供讀者最新公司法相關規範內容及修正理由，另外，「說明」部分之架構亦予以調整，以便讀者從綱舉目張的層次中，更能掌握公司法的規範。最後，本書附錄公司申請登記之表格供讀者參考，使讀者更貼近實務操作，達到法律生活化的目標。

商標法論　陳文吟／著

　　商標法自民國二十年元月一日施行以來，因應客觀環境的變更而歷經多次修正。作者期冀以論理為主軸的《商標法論》，提供讀者另一思考模式。書中除探討法律規範、就其立法緣由多所著墨外，並於多處提出作者個人見解，使讀者於瞭解我國商標制度之際，思索其相關規範的妥適性。

專利法理論與應用　楊崇森／著

　　本書作者以其湛深學術素養與豐富行政經驗，將專利法上各種問題旁徵博引，從不同角度加以析述，理論與實務並重，深度與廣度兼顧，且不時提出獨特見解，在專利法專書貧乏之我國，無論對研習者與實務家都是難得的好書。

民事訴訟法論（上）（下）　陳計男／著

　　本書係著者積多年實務經驗，及任教於各大學之講義，加以整理補充修訂完成，主要目的在便利初學者之學習與教學。本書對於民事訴訟法學之現代爭點、重要學說及外國立法趨向，與實務運用之重要解釋、判例、決議等事項，多收入討論或列於附註，俾有意深入研究者有方向可循。